Pink
$7.99 lb.
Flash Frozen Seafood
SEA

目次

CONTENTS

フード・リテイリング成功のレシピ

米国のアップスケール・フード・マーケット最新動向

春日淑子

消費者のアップスケール化とタイム・ハングリー傾向

未曾有の好況の中で21世紀に突入しようとする米国。世帯当たりの収入もどん底の1992年の3万3660ドルから98年3万8885ドルへと大きく伸びており，そのライフスタイルも年々贅沢さを増している。80年代のリッチな米国のイメージが再燃している感もあるが，一方で社会のグローバル化，エスニック化の進行，人口のエージング化，就労女性の増加など，この時代特有の現象もある。こうした社会的背景が食文化，ひいてはスーパーマーケット，フード・スペシャリティー業界にも大きな影響を与えていることは言うまでもない。

第一に挙げられるのは，豊かな時代の常とも言えるが消費のアップスケール化である。食に絞って言えばグルメ志向とヘルシー志向である。仕事やレジャーで世界各地を訪ねることの多くなった米国人は，多種多彩なエスニック文化を吸収しており，柔軟な味覚を得ると同時に食に新しさと変化を求めるようになっている。知識豊富になった彼らは，また，低コレステロール，低脂肪，オーガニック食材，保存料を含まない食品を求める。本当にナチュラルなものが結局味も良く，体にも良いという認識が定着したということだろう。この傾向は高年齢化するベビーブーマーの間で特に顕著である。

もう一つの側面としてフィーリングの問題がある。おいしい物を食べることは幸福感の源でもある。高級レストランでの食事やファミリー・ディナーの重視もそうした幸福感追求の現れだ。また，時にヘルシー志向と矛盾するようではあるが，ステーキ，高級チョコレートやアイスクリームなど美食三昧の傾向も見られる。食は手軽なストレス解消法でもあるわけだ。

そして，今日の消費者は，価値を認める商品であれば少々の出費はいとわない。デザイナー・フード，ブランド・フードなどという言葉が生まれているのも，食のアップスケール化を物語るものと言える。

さらに食生活を語る上で無視できないのが，現在の米国消費者の“忙しさ”である。経済力が増して生活レベルが向上した一方で，その生活水準を維持するために共働きや長時間の労働を余儀なくされているのが現実なのである。実際，国勢調査局の調べでも，1世帯当たりの平均就業時間は1989年から98年までの10年間に2%増加し，年間3149時間に達しているということである。それだけ“タイム・ハングリー”な人々が急増しているわけだ。キャリアと家族の狭間で悪戦苦闘している米国人たちは，グルメでヘルシーな食生活を“時間をかけずに実現したい”と考えているのである。そこで，味や鮮度など食べ物本来の価値に加えて，便利さ，簡単さ，スピーディーさを提供することもフードサービス業成功のカギとなってくるわけである。

HMRセンター

就業時間や通勤距離は長くなる一方。しかも共働きやシングルペアレント家庭が増え，帰宅すれば夕食が待っているという状況は米国社会では珍しいものとなっている。急いで帰宅して夕食を調えなければならないが，厳しい仕事の後では疲れきって調理の時間も気力もないというのが現実であり，このことがとりもなおさず料理をせずに済む食事形態の需要増加につながっている。つまり，外食とテイクアウト需要が伸び，反面，食材の需

ステュー・レナードの店内

Recipe of Success in Food Retailing

Yoshiko Kasuga

要が減っているということである。

この現象から最も打撃を受けるのは食材を主力とするスーパーマーケット業界である。スーパーマーケットは大型マス・マーチャンダイザーやウエアハウス・クラブの食品カテゴリー参入により，かつてない激しい競合に直面しているが，その一方でレストラン，ファストフード・チェーン，コンビニエンスストア，グルメ・フードストア，デパートの食品売り場などに顧客を奪われる危機にも瀕しているのである。

スーパーマーケットがそうした事態の打開策として打ちだしたのがホーム・ミール・リプレースメント（HMR）センターの設置である。HMRとはつまり家庭の味の代用品を提供するという意味。家庭での食事の悩みを解決するというニュアンスでミール・ソリューションとも呼ばれている。

HMRの神髄はクオリティー，便利さ，スピードである。アップスケールなメニュー，手作りのおいしさ，フレッシュさに加えて，ショッピング時間と調理時間の短縮を実現しようというものだ。調理済み食品というだけであれば従来からのデリやサラダバーがあったが，HMRコンセプトの場合は，パックして，即座にピックアップできる状態で棚に並べておくところがミソである。取り合わせを考える余裕もない顧客のために，チキンのマリネとマッシュポテト，野菜の付け合わせのセットをパックにし，しかも，容器ごと電子レンジに入れて温め，そのまま食卓に出せるようにする。デリで惣菜を揃える場合，量ってもらったり，スライスしてもらったりに時間がかかるが，HMRであればジリジリして順番を待つ必要もない。つまり，HMRセンターは“時間がない”という消費者のニーズに焦点を当て，その解決を提供することを真剣に考えた結果出てきた新サービスなのである。

HMRの1999年3月時点の規模は年間500億ドルとも620億ドルとも言われている。そして今後数年間，年間12～14%の割合で成長すると見込まれている。1998年にフード・マーケティング協会が調査を行った時点では，スーパーマーケットの93%がなんらかの形でHMRを採り入れており，まだ採り入れていない店でも99年末までにスタートさせるべく準備中であったという。マンハッタンでは，昔からレストランやテイクアウト・サービスが充実している関係から，HMRブームの到来は比較的遅かった。しかし，99年になってフード・エンポリウムのユニオン・スクエア店などを始め，本格的HMRセンターを設けるところが増えてきた。これも消費者の外食，テイクアウト志向に対応しなければ，売り上げを奪われる一方という危機感に根差したものであろう。

HMRセンターはマージンの低さと店舗当たりの売り上げ増加が停滞したままのスーパーマーケット業界が新しく活路を見いだそうという動きでもある。グロッサリー類のマージンが2～3%と低いのに対し，レディーメード食品のマージンは平均40%前後と抜群に高く，手の込んだ惣菜ならそれが65%にまでなるケースもあるからだ。

高級感とフレッシュさを演出するデザイン

デザインもHMRコンセプトの中で大きな割合を占めている。

まず，ストアレイアウトである。HMRセンターは，エントランスとキャッシュレジスターに隣接して，目立つように配置されなければならない。

The Up-Scale Consumer and Time Hungry

America is entering the 21st Century at its best economy. The median family income has risen from $33,660 in 1992 to $38,885 in 1998. People are experiencing a lifestyle of abundance. The society is affected by changes of social globalization, aging, increase of women and minorities in the work force. Naturally the super markets and food specialty industry is affected by such social and cultural changes of the time.

Higher income, allows the consumer to expand their eating experiences. For example, including more gourmet and healthy food. Through travels and the influence of media, people experience and acquire taste for other ethnic flavor. The affluent and middle-aged Babyboomers are more conscience of seeking a healthier diet in their lives. Well prepared food is one way to satisfy one's desires. Contradictory, impulse food is also expanding the market selection, like more flavors of ice cream. This generation has come to expect more upscale products referred to as "designer food" or "brand food."

Another important factor which affects the Food Industry is how busy everyone's lifestyle has become. In order to maintain higher standard of lifestyle, more married couples have to both work longer hours. Research shows an average family worked annually 3,149 hours in 1998, an increase of 2% compared to 1989. They are "hungry" for time. Time has become an important commodity in the balancing act of advancing in career and raising a family. Food Industry has to consider how make the customer's shopping a fast, convenient, and satisfying experience.

Home Meal Replacement (HMR) Centers

Longer commute, work hours, working parents, or single parent are some reasons why restaurants and take-out business are replacing homemade meals. Traditional supermarkets are not only affected by the decrease in home prepared meals, they also face competition from large, warehouse style discount stores, fast food chain stores and gourmet food stores.

Home Meal Replacement (HMR) Centers are the supermarket industry's "meal solution." HMR offers speed, convenience and quality. HMR differs from the existing deli food in that HMR is ready to be heated up and serve with the main dish along with salad, side dishes and dessert. Eliminate the waiting time at the deli counter. Just grab the various HMRs off the shelf and customers are ready to serve on their dinner table.

ステュー・レナードの店内

また，パン，ワイン，花，キャンドルなどディナー関連品や翌日の朝食用のミルク，コーヒー類を近くに置いて，当面必要なものが一カ所で揃うような工夫も一般的に実施されている。夕方，駐車場に車を停めて飛び込んでくる顧客が，素早く必要なものを揃え，さっと支払いを済ませて家路に就くことができるという仕組みである。

HMR客専用のキャッシュレジスターを備える店も増えている。これはまとめ買い顧客の後ろで延々と待たされることのないようにという配慮からである。

従来のストア・レイアウトはミルク，パンなど毎日必要なものをストアの奥に配し，客がいやでもストア内を一巡しなければならないようにし，それが賢いマーチャンダイジングであるかのように言われたものだが，HMRはまさにその正反対を実践する。ストア側の利害や都合よりも顧客の本当のニーズを優先させる試みであり，そのサービス精神こそがHMRの核心であるとも言えよう。「ミルク一つ買うのに大型スーパーを歩き回りたくない」とコンビニエンスストアを利用している消費者が多いが，HMRはそうした顧客奪回にも効力を発揮することになる。

一つ認識すべきは，HMRの顧客がファストフードのように“手早く満腹できればよい”という客層とは異なることである。彼らは調理こそしていられないが，家族においしくヘルシーな食事をさせたいと望んでいる。したがってレストランレベルのメニューを新鮮な状態で提供することが大切である。同時にそれを顧客にいかに認識させるかも問題だ。HMRセンターを独自のネーミングで独立させ，“ホームメードの味”を印象づけることも一つの策である。調理エリアを見せるのも，フレッシュさと手作りをアピールできるし，顧客も自分が家でするのと同じ方法で調理されているのを目撃して安心感を抱いてくれるので効果的だ。

また，HMRセンターはレストランと競合することを狙いとしたものであるから，そのデザインもレストランに劣らないレベルの高いものでなければならない。アイキャッチングなグラフィックやサインを駆使し，アトラクティブで楽しい環境をクリエートすること，ライティングとおしゃれなスタイリングでフレッシュさと価値をアピールすることなど，HMRセクション・デザインのキーポイントである。

エンターテインメント性とユニークなショッピング体験

かつてリテイル・ストアは“良い品を安く提供”していれば良かったが，物とストアが飽和状態にある90年代の米国では，それだけでは十分でない。エンターテインメント性とユニークなショッピング体験を提供し，差別化を図る必要がある。今日の消費者はすべてのショッピングに快適で楽しくエキサイティングな体験を求め，それが期待できる店に足を運ぶ。そのことは買うものがCDでも，アパレルでも，グロッサリーでも共通である。

食料品の買い物は多くの消費者にとってどうしても避けることのできない日常の行動である。前述のHMRセンターなどその解決策を提供して売り上げアップを図っている例だが，それ以外の分野でも食料品の買い物という仕事を楽しくエキサイティングな体験へと変貌させることができたら，そのフード・リテイラーはより多くの集客と売り上げを達成できることだろう。

フード・エンポリウム

フード業界で，エンターテインメント性とユニークなショッピング体験の提供に言及する時，まず頭に浮かぶのが，コネティカット州ノーウォークの大型スーパーマーケット，「ステュー・レナード」であろう。
ステュー・レナードでは1969年の創業以来，膨大な商品群を揃えると同時に，店内に多彩なエンターテインメント要素を組み込んで顧客を喜ばせている。縫いぐるみの牛や鶏が店内を回り，ミルクや卵を持ったロボットの楽隊がステュー・レナードのテーマ曲を演奏したり，鮮魚売り場に巨大なロブスターを吊るしたり，ストアの前に羊，牛，ガチョウなどのいる家畜動物園を設けて，子供用のアトラクションとしたり……。また，店内ではベーカリーでパンを焼く様子や，牛乳のボトリングが見通せるようにしたり，随所に食品の試食コーナーを設けたりなどして，食品そのものを主役にして，イベント性を盛り込むことにも努めている。ミュージックとおいしい匂いに，買い物客はつい時の過ぎるのを忘れ，いつの間にかショッピング・カートを商品でいっぱいにしているという仕組みである。このストア環境は子供連れのファミリーには特にありがたいものである。どうせ食品を買うのであれば家族全員で楽しめる店を選ぶのが人情であろう。ステュー・レナード・ノーウォーク店には毎週2万5000人の顧客が訪れ，150万個もの商品が購入されているという。ステュー・レナードは1999年10月にニューヨーク州ヨンカーズに新店舗をオープンし，コネティカット州ダンベリー店と合わせて3店舗に発展している。

シアターとしてのフード・マーケット

エンターテインメント性というとミュージック，ダンス，イベントを思い浮かべがちだが，リテイルにおけるエンターテインメント性はそれだけではない。むしろ，マーチャンダイズ，ストア環境で，商品の特性を十分にアピールしながらショッピング自体を面白くすることこそ，本筋と言える。
マンハッタンのチェルシー地区に元工場だったビルを利用してつくられたフードモール，「チェルシー・マーケット」もフード・ショッピングにエンターテインメント性を持ち込んだ好例である。一見何の変哲もないビルの入り口を入ると，スカルプチュアや季節の花々や野菜で装飾を施したホールウエーがあり，その両側にパン屋，魚屋，肉屋，青果市場，ケーキ屋，イタリアン・デリ，ベーグル，クッキー，フード・ギフトショップ，オリエンタル食品店，クッキング用品店，テーブルウエアショップなど多彩な食品店が軒を連ね，フード王国とも言うべき別世界が広がっている。とにかく食に関するものなら何でも揃う感じでわくわくさせられるが，それだけではない。通路に沿ったガラス張りのウインドーを通して，ベーカリーでパンを焼いたり，肉屋でソーセージを作ったり，魚屋で水槽から取りだした活魚をさばいたりという工程を目の当たりにすることができる。ここは言わば食をテーマにした大掛かりなシアターなのである。環境デザインは昔の市場や食品店のノスタルジックなムードにアート性を加味し，斬新さと懐かしさが交錯する独特のスペースとしている。また，フルサービス方式もこのモールの特徴である。エキスパートであるスタッフとやり取りしながら注文するのも，能率重視のスーパーマーケットに慣れた消費者には目新しく，愉快な体験となる。
モール内のあちこちには出来上がったばかりの食

In 1999, HMR sales was approximately $60 Billion, and is expected to grow more than 12% annually for the next several years. By 1998, 93% of all supermarkets have offered HMRs. New York City has many takeout services, so HMR concept was accepted relatively slower than other cities, but in 1999, Food Emporium, Union Square challenged the restaurants by offering its own HMR Center. HMR's profit margin is very high; over 40%, compared to the few percentage in the regular groceries.

Role of Design in Upscale Quality

Design plays an important role in the success of HMR concept. When laying out the store, HMR Center has to be noticed and located near the cashier. Bread, wine, flower and candles are some other items positioned nearby, so customers can park and dash in-and-out with all their needs. Many HMR Centers have their own dedicated cashier area, so the customers do not have to stand in line. Traditional shops' layout forced shoppers to walk around the store by placing daily necessities, such as milk deeper inside the store. HMR Center offers a faster alternate in shopping habit.
Conscience effort was put into the emphasis of high quality food. To combat tough competition from restaurants, often "open kitchen" is placed behind the counters, so customers can see the fresh produce used in preparation. Eye catching graphics and attractive lighting also add to the appeal of the HMR Center's high style.
- Adding Entertainment Value in Shopping
Consumers are no longer satisfied with just buying good products at a lower price. Shoppers prefer to spend time in an entertaining environment. This is true whether they are shopping for CDs, apparel or groceries.
Shopping for food is an unavoidable task. If food shopping is enjoyable, more people will spend more time at it. Stu Leonard Supermarket, Norwalk CN, is a pioneer in unique shopping experience.
Since 1969, at Stu Leonard, entertainers dressed in animal costumes, roamed among the grocery aisles. There is a giant lobster hanging from the Seafood area. A miniature farm zoo is placed at the entrance for kids. Inside the market, customers can see fresh bread being baked and milk being bottled on the premise.
By making food as the center of focus and entertaining for the whole family, 25,000 customers visit the store weekly, and purchase over 1.5 million items. Stu Leonard operates a

フード・エンポリウム

品を飲み物とともに楽しめるテーブルも用意され，アウトドアの市場にいるかのように，ゆったりとくつろいでショッピングができる仕掛けである。
小規模な例を挙げれば，ソーホーのグルメ・ストア「ディーン＆デルカ」もその一例であろう。外光のたっぷり入る清潔感の溢れる店内で，世界各地からの珍味と最高級惣菜や食材を提供している。ここでは世界の食文化に触れるという喜びを味わうことができる。

ターゲット消費者のニーズに迫るフード・リテイリング

食料品の買い物客のニーズは一つではない。そのことを認識した上で，ターゲット消費者が何を求めているかを探り，本当に喜ばれる商品と価値，ショッピング環境とサービスを提供することこそがフード・リテイリング成功のレシピである。
本書に取り上げたのもそうした認識に立ち，新しいフード・リテイリングに向かって進み始めたストアの例である。この方向はコンセプト面でもデザイン面でもさらに進化していくことだろう。例えば，家庭で過ごす時間の減った消費者のためにホーム感覚のインテリアデザインをクリエートしたり，肉をカットしてもらっている間一休みするソファを設けたりなど，さまざまな工夫がされることになるだろう。
いずれにしても，レストラン，スーパーマーケット，スペシャリティー・フードストア，グルメストア，コンビニエンスストアなどさまざま業態が同じ消費者の胃袋を狙って競合している現在，楽しく，面白く，あるいはスピーディーなショッピング体験が期待できるフード・リテイリング・ブランドとして消費者の意識に確立された時，そのフード・リテイラーの成功は約束されたと言えよう。

second store in Danberry CN and a third one opened in Yonkers NY in Oct. '99.
Transforming Food Market into a Theatre
Entertainment value to a market is not limited to music and events, but more important is the proper merchandising and more appealing store environment.
Food Mall at Chelsea Market, built on an old factory site is a good example of food shopping with entertainment. Enter an ordinary building entrance, customers are greeted by hallway full of seasonal flowers and sculptures. Further steps will take customers into a world surrounded by bakery, fish market, fresh produce, Italian deli, bagel shop, gift shop, cooking and tableware shop. Not only are all sort of foods are available, shoppers can see different process of sausage making, baked goods preparation and live fish tank. It is a theater where food play the main roles. The design cleverly incorporated the nostalgic grocery market into an artistic modern food mall. Experts are available all times to answer any food related questions from customers. Sit-down areas are provided throughout the market. Customers can enjoy beverages and ready made meals as though in an open-market.
Gourmet store, Dean & Delucca in SOHO is a good example of a small market where shoppers can enjoy food products from all over the world in a clean and bright interior.

Food Retail Targeted to Consumer Needs

Success in Food Retailing is to discover and provide for consumers' needs. This book attempts to show some markets who are rising to the challenge, to achieve such goals, in sometimes unique ways. One day, you may encounter a couch at the meat section where patrons can relax and wait for their order filled.
With competition for consumers' appetite an all time high, whoever can satisfy their ever changing needs, is sure to win the race.

チェルシー・マーケット

UP-SCALE SUPERMARKETS

ゲルソンズ・マーケット カラバサス店

カリフォルニア・アメリカ
デザイン：キング・デザイン・インターナショナル

GELSON'S MARKET Clabasas

California, U.S.A.
Designer : KING DESIGN INTERNATIONAL

イタリアのオープンマーケットを室内で楽しむ

アメリカ西海岸を中心にチェーン展開している「ゲルソンズ」スーパーマーケットは各ストアに個性を持たせている。ロサンゼルス郊外にあるカラバサスにつくられたのは，イタリアン・ショッピングをモチーフにしたトスカーナスタイルの店である。客にイタリアのオープンマーケットの雰囲気を室内で楽しんでもらうのが狙いだ。
オープントラス構造の屋根の下に広場をつくり，タイルのフロアは玉石のカブルストーンに似せて敷いてある。大きな壁画，プロップなどで各売り場を分かりやすく区分けしている。新鮮野菜，果物エリアの壁画は，一昔前の運搬用木箱の外側に貼ってあった特徴のあるラベルアートを拡大再現した。照明には，露天売店を照らすライトが起用された。ミート，デリなど肉類を扱うエリア表示にはスチールの板に，大きく文字を切り込んである。出来たてのパンとコーヒーを持って，店内に設置してあるソファに座り，暖炉の火に暖まりながら，ゆったりと新聞などを読める場所も設けてある。昼食は，ウルフガングパックのキッチンで，ピザなど頂くのも悪くない。

This Gelson's store format is a new concept to create a dynamic design adventure for the customer. An Italian Piazza was created in an open-truss structure using tile flooring to create the feeling of cobblestones, large wall murals to define departments and oversized props to add the important element of fun.
Customers can enjoy a piping hot espresso and a delectable pastry from the Bakery, or nibble some delicious French bread from the Deli while curled up with a newspaper near the fireplace. The kitchens of Wolfgang Puck will also provide a slice of pizza for lunch or an afternoon snack. A full Wine department, a Bank and a Pharmacy are added conveniences for the shopper.
Fantastic perishables surrounding the store create an amniance in keeping with an Italian open air market. On their way

1. 野菜，果物エリアの拡大ラベルアート
2. シーフード売り場は魚の壁画で分かりやすく

1. Classic packaging label murals behind the fresh Fruits and Vegetable sections.
2. Seafood area.

1

Seafood

3

4

5

6

ワイン，フラワー以外にも薬局，銀行カウンターも設けてあり，客が1カ所で全部済ませらるようになっている。〈I.M.TAO〉

out, customers shouldn't forget to stop by the Flower department which is a popular source for the bouquets that decorate many of the area's homes and offices.

7

8

3. スチール製サインが掲げてあるデリ，ミートセクション
4. 乳製品コーナーは，大きな牛乳のカートンが吊ってある
5. カフェバー
6. 薬局
7. 野菜，果物エリアの拡大ラベルアート
8. ミートセクション

3. Huge metal signs of the Meat and Deli area.
4. Large milk carton decorates the Dairy section.
5. Cafe Bar.
6. Pharmacy.
7. Classic packaging label murals behind the fresh Fruits and Vegetable sections.
8. Meat area.

FACT SHEET

Gelson's Market Clabasas
Location : Clabasas, California, U.S.A.
Designer : King Design International
Client : Gelson's Markets
Opening Date : January 1996
Size : 2976㎡

ブッシュズ・マーケットプレース リボニア店

ミシガン・アメリカ
デザイン：マルコデザイン・グループ

BUSCH'S MARKETPLACE Livonia

Michigan, U.S.A.
Designer : MARCO DESIGN GROUP

顧客のライフスタイルを反映したエレガントな空間

「ブッシュズ・マーケットプレース・リボニア店」は中高額所得者層の住宅地に位置しており，その顧客のライフスタイルはアップスケール，かつ都市型である。そこでストアを新設するに当たり，HMRを特に充実させることにした。
HMRのキーポイントはスピーディーに夕食を調えられるところにある。HMRセクションがフロント部分に分かりやすく配置されていることはもちろんであるが，しかし，せっかく急いでディナー食品をピックアップしても，キャッシャーの所で1週間分の食材をまとめ買いする客の後ろに並んで長々と待たされるのであれば，全く意味をなさない。ブッシュズではこの点をキャッシャーを2カ所に設けることで解決している。まず，生鮮食料品売り場と青果売り場付近に通常の顧客用のキャッシャーを設置。そしてHMRとライフスタイル・フード売り場近くにもうひとつのHMR専用キャッシャーを用意した。中間のエリアにはドライグロッサリーを配置している。このレイアウトは顧客に同店のHMRにかける意欲を印象付ける意味でも効果的である。

When designing Busch's Marketplace at Livonia, emphasis was placed on Home Made Replacemant, to satisfy its upper middle class suburbanites. The key was to provide main meals quickly.
By separating cashier areas into regular grocery and HMR areas; HMR customers can do their shopping much faster. Dry groceries are placed in the middle.
Two dedicated chefs prepare HMR at its Josephine's kitchen. They proudly present restaurant quality meals into logo packages. Large variety of wine, micro-brewed beer drinks are readily available nearby.
Exposed ducts, painted in neutral color helps to emphasize the colorful fruits and fresh goods. Mural, columns, and signs were hand done by local artists.

1. "ジョゼフィーンズ・キッチン" とタイトルしたHMRエリア。手描きのサインが高級感を添える
2. 一般顧客用キャッシャー側にあるシーフード売り場

1. Home Made Replacements are offered at Josephine's Kitchen. Hand-painted signs.
2. Sea Food section.

1

Seafood
Busch's presents:
LIVE
MAINE
LOBSTERS
They're so fresh!
FRESH MEATS
YA HOO
BRINGING YOU QUA INCE 1975

3

4

5

HMRセクションは“ジョセフィーンズ・キッチン”として特別に扱い，シェフを２人配して，“手作りの高級惣菜”をアピールしている。パッケージ入りのディナーから寿司まで，レストランに劣らない洗練されたメニューが同店の自慢である。隣には地元最大のバラエティーを誇るワインとマイクロビールを置き，飲み物もついでにピックアップできるように配慮してある。

ダクトをむき出しにしたインダストリアルな天井はスーパーマーケットには珍しく，カッティングエッジな雰囲気を添える。その外周にはニュートラルカラーを塗り，生鮮食品や惣菜の新鮮さがドラマチックに引き立つように工夫した。各売り場を示す壁画や支柱，サインは地元のアーティストによる手描きであり，視覚的な楽しさを喚起するとともに，ストア全体に統一感を醸し出している。

〈春日淑子〉

3. メタルハロゲンライトで商品の自然の美しさを引き立てる青果売り場
4. アーティストの手描き壁画のある青果売り場
5. ストアの外周に配置されたHMRとデリセクション。中央はドライグロッサリー・エリアである
6. ジョセフィーヌ・キッチン

3. Natural colors of the fresh fruits are brought out by metal-halogen lights.
4. Custom hand drawn mural by local artist.
5. Home Made Replacement and Deli sections are located on the outer periphery of the store. In the center is Dry Grocery area.
6. Josephine's Kitchen.

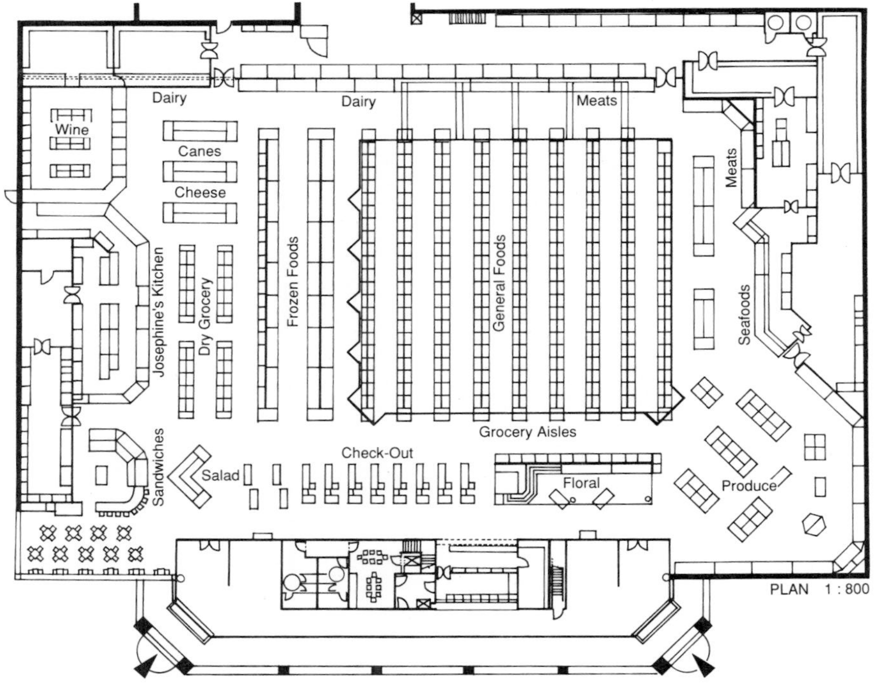

PLAN 1：800

6

FACT SHEET

Busch's Market Place, Livonia
Location : 6 Mile Road, Livonia, Michigan, U.S.A.
Designer : Marco Design Group
Architect : DeMattia Associates
Client : J&C's Family Foods, Inc.
Opening Date : November 1998
Size : 3995㎡
Photographer : Laszio Regos Photography

ブリストルファームズ
プロムナード・アット・ウエストレイク店

カリフォルニア・アメリカ
デザイン：デビー・イングリッシュ

BRISTOL FARMS
Promenade at Westlake

California, U.S.A.
Designer : DEBBIE ENGLISH

南カリフォルニアの農園風景の壁画で地方色を出す

ウエストレイク・ビレッジは近年凄まじい人口増加を続けている。全米ベスト15に入る高所得地域と見なされ，住人の平均年間収入7万5000ドルはカリフォルニア州の平均5万3000ドルを大きく上回る。平均年齢38歳，65%が子持ちの既婚家庭，全体の半数が会社重役または特殊技術のプロフェッショナルである。ロサンゼルスの北西50kmに，太平洋側のビーチからは10km，メキシコの国境から車で3時間の所に位置する。
新しいショッピングセンターが企画された時，地元住民はホームタウン感覚が損なわれると反対した。そこでディベロッパーが依頼し，登場したのがブリストルファームズである。ブリストルファームズは高級指向だけでなく，地元の要望に応えられるフレンドリーな店づくりを得意としている。デザインを担当するデビー・イングリッシュ女史いわく，"ストアデザインは商品の良さをさらに引き上げる，上質の包装の役目を果たすべきである"。各地方特有の文化を店内の壁画，建築資材，サインなどで起用することで，その地と深い絆を持つ，個性的な店が自然に出来上

Westlake Village has been one of the fastest growing communities in California. Incomes throughout the Westlake area are substantially higher than statewide, averaging over $75,000 per household, compared to $53,000 for the state of California, one of top 15 wealthiest communities in the United States. Also, the median age for Westlake is thirty-eight years, almost sixty-five percent of the population was married with children.
Originally the community opposed the Westlake Promenade, because they were afraid of over development. The affluent community was rapidly growing, and there was a fear that the 'hometown feeling' established, would disappear with the new developments.
According to Debbie English, "the objective of any Bristol Farms store design

1. 持ち帰り寿司もあるシーフードコーナー
2. 牛小屋のような乳製品コーナー
3. デリカテッセンコーナー

1. Fresh Seafood & Sushi
2. Dairy products under a barn
3. Deli area

1

2

3

4

5

6

7

8

9

がる。
シーフードコーナーの背景には太平洋の，農産物コーナーには南カリフォルニアの農園風景の壁画でこの地方味を出している。デリはレンガ作りの建物，乳製品コーナーは牛小屋に似せた作りにし，目立たせるだけでなく，インテリアに変化を持たせている。〈I.M.TAO〉

project is to provided a sumptuous visual umbrella that supports and reinforces the supreme quality food that we offer."
"Another goal is to create an emotional bond with the local community by integrating elements of the local cultural and historical culture into the store interiors. We do that through large scale murals, architectural facades, graphics, and signage, and materials and finishes.
"Another aspect...is the creation of a store may be local on terms of the icons it honors, but also is very reminiscent of a European-style marketplace or shopping for that days meal on the streets of Paris."

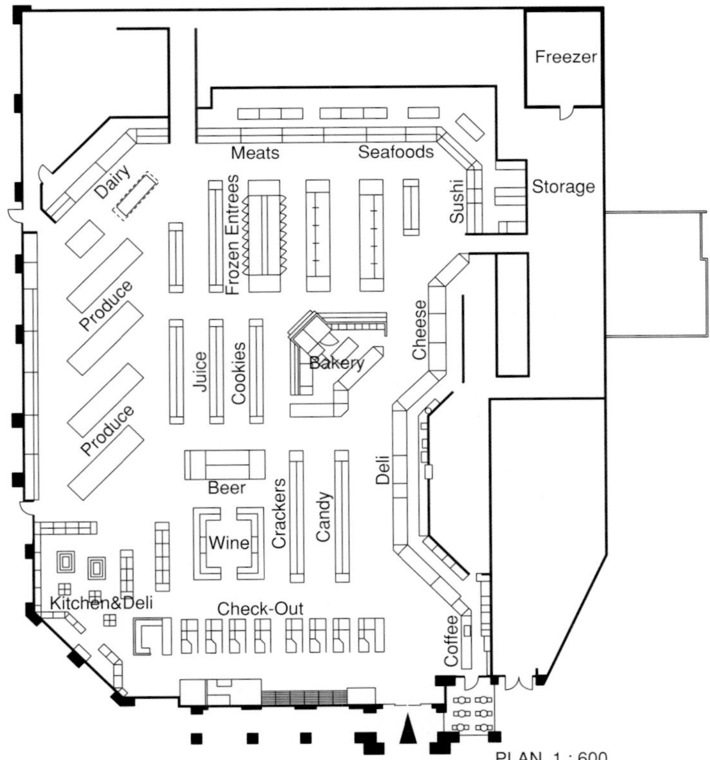

PLAN 1 : 600

10

4. ワインコーナー
5. チーズコーナー
6. 新鮮な野菜と果物コーナー
7. 精肉コーナー
8. ブリストル・カフェ
9. ブリストル・キッチンで料理に必要な道具，書籍が揃う
10. 外観

4. Wine Isles
5. Cheese counters
6. Fresh Produce and Fruits
7. Meat & Poultry
8. Bristol Cafe
9. Bristol Kitchens for all your cooking tools
10. Exterior

FACT SHEET

Bristol Farms Promenade at Westlake
Location : 140 Promenade Way, Westlake Village, California, U.S.A.
Designer : Debbie English
Client : Bristol Farms
Opening Date : November 1997

ブリストルファームズ ミッション・ビエホ店

カリフォルニア・アメリカ
デザイン：デビー・イングリッシュ

BRISTOL FARMS, Mission Viejo

California, U.S.A.
Designer : DEBBIE ENGLISH

コンセプトは歴史ある教会式スペイン建築

「ブリストルファームズ」は企業アイデンティティーにとらわれた他社と違い，土地の雰囲気に合ったデザインを優先させている。ミッション・ビエホには1775年，サンワン・カピストラノ教会（砦でもあった）が創設されてある。当然のように，インテリアコンセプトは，今日も観光地として栄える教会（砦）式スペイン建築を採用した。教会の入り口に見られるアイアンゲートはワインセクションでアイアン細工として巧みに取り入れてある。

カフェ，デリ，肉売り場は教会の石壁，石柱，アーチ，軒ジャバラで装飾されている。乳製品セクションは砦内の兵士宿舎に使用されたアドビ壁，赤土瓦まで再現してある。寿司，シーフードセクションにはブリキの日除けで小屋の雰囲気を出している。これら建造物をさらに店全体にタイアップするため，バックグラウンドとなる壁には，高さ４ｍある三つの壁画が描かれている。そのスタイルはメキシコの有名な画家ディエゴ・リベラ。プロデュースセクションの壁画は農産物を耕す田畑の風景。隣には大きな太陽，これは種から育

The new Bristol Farms is a unique interpretation of the architectural treasures of the San Juan Capistrano Mission. Within the walls, you will recognize the worn adobe walls of the soldiers quarters, the large stone cornices, arches, and columns of the great stone church, the patina-yellow plaster outside the chapel, and the decorative ironwork of grand entrance gates transformed into a majestic arched structure hanging from the ceiling at Wine & Spirits. At the Dairy section the familiar red tile roof crowns the top of an undulating plaster wall with powerful stone window surrounds and a rhythmic decorative wood roof structure, all recreations of historical treasures to be discovered with the mission walls.

To complement cultural dimension onto the architectural facades and floating iron

1. 色を考慮し，露天小屋に見立てたフルーツセクション
2. 農産物のシンボル，太陽の壁画

1. Hand-patina wood trellises articulate the roadside farm stand imagery.
2. Mural of a powerful Mayan sun seemingly command the rowth of the seeds below.

1

Quinoa
Tabbouleh
Risotto
Couscous
Portobello
Wild Lobster
Oyster
Chile Habanero
Chile Cascabel
Chile De Arbol
Chile Chipotle
Chile Cascabel
Penne Pesto
Certified Organic
Mixed Medley
Cherry Tomatoes

3

gram reap harvest sun bountiful
COFFEE
BRISTOL FARMS PROUDLY PRESENTS
Peet's Coffee
WASTE
4

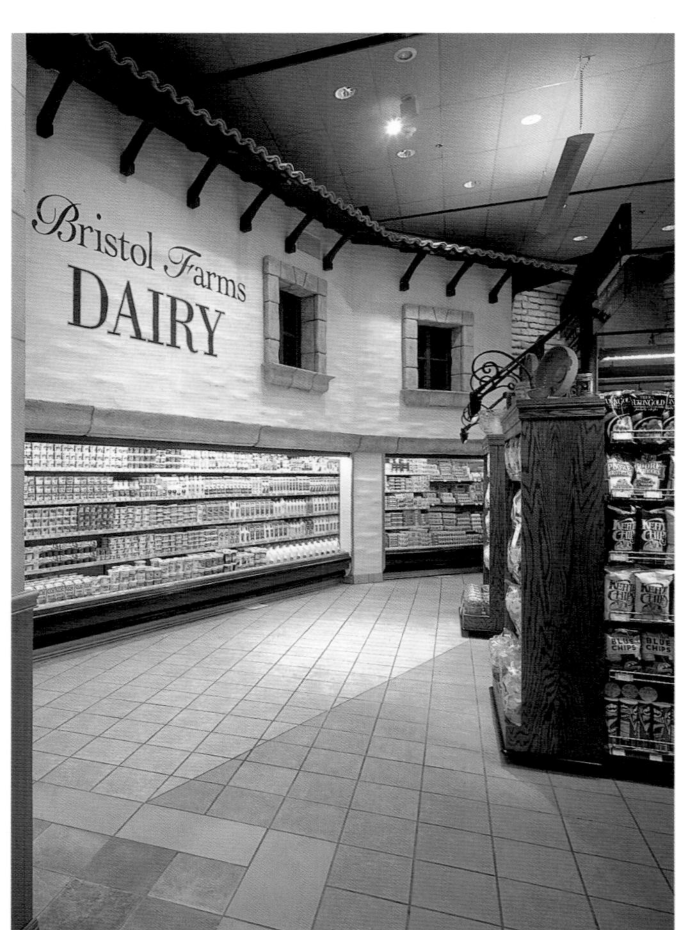
Bristol Farms
DAIRY
5

つ穀物の象徴。最後に，サンワン川を挟んで広がる穏やかな牧草地の絵となる。
ブリストルファームズのあるカレイドスコープ・ショッピングセンターには現代的なブティックなどが多数入っているため，逆にミッション・ビエホ特有の歴史ある建造物をインテリアに持ち込むことで，全く違う印象を客に与える結果になった。〈I.M.TAO〉

structures, a three-part twelve foot high mural wraps around the Produce department. All stylistically following the work of the great Mexican muralist Diego Rivera, the first mural unfolds the creating of the food we eat, a scene of planting and harvesting. The second section is of an powerful Mayan sun in a sky of swirling blue and white, seeming to command the growth of the newly sown seeds. The final mural is a peaseful pastured landscape of the virgin rancho hills with the San Juan River nestled next to a sleepy adobe farmhouse.

6

7

PLAN 1 : 600

3. ブリストル・カフェではコーヒーと出来たてのHMRを提供している
4. 客が好みで，豆をカスタムブレンドできる
5. 乳製品セクションは砦の兵士宿舎を再現
6. キャッシャーまわりのアイアン細工
7. ブリキの日除けで小屋の雰囲気を出している寿司，シーフードセクション

3. At the Bristol Cafe, customers can sit and eat items they have purchased in the store.
4. Life sustaining words like "reap, sow, water, bountiful" are used to reinforce quality foods.
5. Red tile roof crowns the plaster wall with powerful stone window surrounds.
6. Contemporary light fixtures float below ornate iron trusses creating a striking design element at the checkstand area.
7. Wood and tin roof create identity to the Sushi & Seafood area.

FACT SHEET

Bristol Farms Mission Viejo
Location : Kaleidoscope Entertainment Complex, Mission Viejo, California, U.S.A.
Designer : Debbie English
Client : Bristol Farms
Opening Date : September 1998

ブリストルファームズ ロングビーチ店

カリフォルニア・アメリカ
デザイン：デビー・イングリッシュ

BRISTOL FARMS Long Beach

California, U.S.A.
Designer : DEBBIE ENGLISH

1950年代の懐かしい風景をデザイン

日常欠かせない食料雑貨の買い物は退屈なものだ。ブリストルファームズは，この古いコンセプトを根底から覆えし，もっと視覚的に楽しい行事している。例えば，各商品棚の端を客の目を引くようなファニチュア仕上げにし，季節ごとにディスプレイを変える。全ストアディベロップメントを担当するのは副社長のデビー・イングリッシュ女史。彼女はデザインを始める前に現地の歴史，住民，文化などをまずリサーチする。その土地に自然とブレンドする，個性的なストアを設計する。映画の都ハリウッドに近いことも幸いし，壁画やセットビルダーを多く起用した。普段見落とされるキャッシャーにも神経を使う。それは，客が必ず通る場所であるから。
ロングビーチは文字通り，長い砂浜に地名の由縁がある。1933年の大地震後，町全体がアールデコ調に仕上げられた。89年，ロサンゼルス・ワールドトレードセンターの完成を機に人口が急速に増えた。同時に郊外の小さな町のイメージが薄れていった。ブリストルファームズは50年代頃の懐かしい風景をデザインに取り込んだ。オールドファッションなフ

"Real world" grocery shopping may be a necessity, but is normally visually dull and boring. Upscale markets like Bristol Farms, can make it a rich and exciting experience. Example the endcaps are crafted like fine furniture, than fixtures. They hold seasonal items, instead of pushing big promotional items. They are "image driven rather than big sale-seeking displays."
The Bristol Farms at Long Beach uses period lighting, old-fashioned elaborate departmental facades, and huge murals to recall the East Long Beach area of 50 years ago, before development changed the local landscape forever. The store tried to recapture the atmosphere and the pleasures of the good old days, of expansive coastal areas, and the rich pasture lands.
Each Bristol Farms store has its own

1. 寿司，シーフード売り場には砂浜の壁画
2. ブリストルカフェとデリ

1. Sushi and Seafood sections
2. Bristol Cafe and Deli

1

BRISTOL CAFE & DELI
CAFE
Daily Features
IMPORTED DELI
GOOD GRIPS
OXO
KINGSFORD
MESQUITE CHARCOAL
Match Light
JACK DANIEL'S
BRIQUETS

rondele
Coca-Cola

3

4

5

ァサード，時代味のあるライティング，さらにもう見られなくなった開発以前の広い砂浜，緑の草原を描いた壁画などである。農産物は田舎の市場のようにディスプレイされている。〈I.M.TAO〉

theme, but all store have common design elements like tiled floors, facades and murals. The common design elements among the stores create "a language that is recognized by our customers. " says Debbie English.

3. HMRコーナー
4. オープンマーケットのような農産物コーナー
5. HMRコーナー
6. 乳製品コーナーは牛小屋に見立ててある

3. HMR corner
4. Produce Display
5. HMR corner
6. Dairy products sold under a "bar"

6

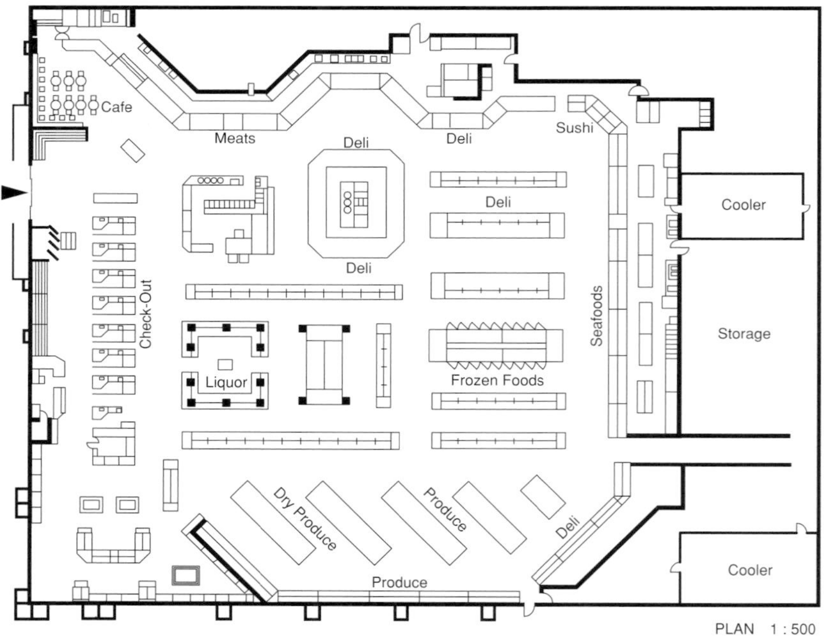

PLAN 1 : 500

FACT SHEET

Bristol Farms, Long Beach
Location : 2080 Bellflower Blvd., Long Beach, California, U.S.A.
Designer : Debbie English
Client : Bristol Farms
Opening Date : Feburuary 1997

ハリス・ティーター アーリントン店

バージニア・アメリカ
デザイン：リトル&アソシエイツ アーキテクツ

HARRIS TEETER Arlington

Virginia, U.S.A.
Designer : LITTLE & ASSOCIATES ARCHITECTS

活気を盛り上げるオープンなフロア構成

ハリス・ティーター社はノース・カロライナ州を中心に米国東南部に147店を経営するスーパーマーケット・チェーン。このアーリントン店は同社のワシントンＤＣ首都圏市場進出第1号店である。周辺はワシントンＤＣのベッドタウン。楕円形の弧を描く屋根，スチール構造など，外観は周囲の都会的な雰囲気にマッチするよう工夫されている。巨大なガラス張りのファサードは外光をたっぷりと導いて爽やかで，活気ある店内を通りから見通せることにより，来店を誘う効果も狙っている。

売り場は2層に分かれており，メーンフロアが一般的なスーパーマーケット，中2階が特殊ニーズを満たすエリアである。中2階からもメーンフロアからも互いの売り場がよく見渡せるオープンなフロア構成が全体の活気を盛り上げて効果的である。

エントランスは二つ。一つは生鮮食品を集めたマーケットホール側に，もう一つは反対のドライグロッサリー・シェルフ側に設けられている。マーケットホールは長い青果シェルフで仕切られており，入り口右横が食肉と鮮

Based in North Carolina, Harris Teeter operates over 147 store throughout the south-eastern United States. Arlington store is the first to break into the suburb of Washington D.C. area. Housed in a large domed steel frame, the facade is a wall of plate glass which lets abundance of natural light. The ground floor is a supermarket and mezzanine level houses specialty needs goods. Open floor design permits visibility of both floors. There are two entrances. One leads into the fresh produce Market Hall and the other into the grocery section on the opposite end. The Market Hall is divided by fruit stands and is sandwiched in between Meat, Seafood sections and HMR, Bakery, Deli sections. Customers who prefer ready made meals can purchase all their needs without going through the whole store. Mezzanine level is equipped with health food, cosmetics, pharmacy, beer/wine cellar, magazines, flower shop, GNC nutrition shop and a coffee bar on the terrace. Speedy, one-stop shopping is the goal of this market.

1

2

3

4

魚売り場，左手壁沿いにベーカリー，シェフ・プリペアドと呼ばれるHMRと温惣菜コーナー，デリが並ぶ。また，乳製品，冷凍食品もこの辺りに集められている。食材を人は右手から，調理済みのものを買う人は左手から回り込んでスムーズにキャッシャーに行けるよう，タイプ別の動線が計画されているわけである。
中2階には自然食品，化粧品，医薬品売り場，ビール，ワインセラー，マガジンショップ，フラワーショップ，GNC（ビタミン，栄養剤チェーン）ショップ，テラスのあるコーヒーバーがある。
グルメで，ヘルスコンシャスで，忙しい都会生活者のライフスタイルを想定し，日常必要な品物すべてをスピーディーに揃えることができるワンストップ・ショッピングを提供しているのが，この店の特色である。〈春日淑子〉

5

6

1. マーケットホール側のエントランス
2. マーケットホールとその他の売り場を分ける青果シェルフ
3. マーケットホール右横には食肉，鮮魚売り場がある
4. 中2階から見る。右手に化粧品，医薬品売り場，その奥にフラワーショップがある
5. マーケットホール左手に並ぶベーカリー，HMR，デリ・セクション
6. マーケットホール側エントランス付近にある中2階への階段とエレベーター

1. Exterior
2. Produce shelves separate Market Hall from the rest
3. Meat, Seafood sections on the right side of Market Hall
4. View from the Mezzanine level of Cosmetics, Pharmacy and Flower shop
5. Bakery, HMR, Deli on the left side of Market Hall
6. Stairs to Mezzanine level

FACT SHEET

Harris Teeter Arlington
Location : Hyde Park Plaza, 600 n. Glebe Road, Arlington, Virginia U.S.A.
Designer : Little & Associates Architects
Client : Harris Teeter, Inc.
Size : 4924㎡
Opening Date : November 1999
Photographer : Stanley Capps

ハリス・ティーター
リサーチ・トライアングル・パーク店

ノースカロライナ・アメリカ
デザイン：シューク・デザイン・グループ

HARRIS TEETER
Reseach Triangle Park

North Carolina, U.S.A.
Designer : SHOOK DESIGN GROUP

160年前の駅のイメージを残しつつ新たなアイデンティティーを獲得

「ハリス・ティーター・リサーチ・トライアングル・パーク店」は，ノースカロライナ州キャリー市にあるハイテクの中心地，リサーチ・トライアングル・パークにできた売り場面積6050㎡のスーパーマーケットである。利用者は世界中から集まった知識人，学者，プロフェッショナルの集団およびその家族である。アメリカ中で最も博士号取得者が多い地域の一つであるため，平均所得も大変高い。世界中の高級店を見慣れている消費者なので，設計する上での要求も複雑であった。
1840年に建造された鉄道の駅のイメージを残しつつスーパーマーケットに改造され，拡張された建物は市の歴史的建造物にも指定されている。入り口は正面アーチの左右2カ所にあり，アーチストラクチュアはそのまま奥まで延びている。売り場はセクションごとにイメージを保つように工夫された。右エントランスからは花売り場，果物セクション，農産物へと続く。左エントランスからは新鮮なグルメコーヒーセクションの良い香りが客を魅了し，デリ，ベーカリー，ミートセクションとなる。

Graphic imagery, inventive signage and lush murals combine for an entertaining environment at Harris Teeter. The 66,000-sq.-ft. supermarket celebrates food, turning a routine chore into a fun experience.
The customer-friendly, entertaining atmosphere was achieved primarily through the use of high-impact imagery and signage. Three-dimensional graphics provide visual excitement and also help identify departments and products. The spacious produce area is marked with a nostalgic mural of rolling countryside; the coffee bar sports oversized hanging coffee cups.
The main departments are treated as

1. レジ付近。手前二つのレジは品数の少ない客用エクスプレスライン
2. 自然食品売り場
3. 青果売り場は背景に巨大な田園風景の壁画を描き，ファーマーズ・マーケットのような雰囲気をつくっている
4. アメリカではアカデミックな人々の間では肉類を好まぬ傾向にあり，鮮魚売り場のデザインの良しあしが店の人気を左右する

1. Express lines at the cashier area
2. Natural Food area
3. Fresh Produce area
4. Emphasis on Seafood area

1

2

3

4

5

CARDS
BOOKS
HEALTH
BEAUTY

6

FINE WINE
FINE WINE
NAPA RIDGE
OLIVIER LEFLAIVE

7

全体のデザインは倉庫内部のように見せ，各売り場はアウトドア・マーケットのようにカラフルなキャノピーで位置付けされている。床は塗料入りのコンクリートと紺，白の磁器質タイルで仕上げられている。デリ・セクションは忙しい現代人のために大きめにつくってあり，メニューも地元の有名シェフによって研究されている。各セクションはディスプレイサイン，プロップなどの環境グラフィックスを多く起用し，アイデンティティーを確保している。例えば，魚介類売り場は水族館のイメージで，床にはコンパスが描かれている。冷凍食品セクションは“O”の文字を赤いネオンで仕上げ，電子レンジに見立てている。ワイン売り場ではただラックに商品を並べるだけでなく，ロートアイアン製サインなどを取り込み，全体にナパバレーの雰囲気を出している。〈I.M.TAO〉

individual boutiques and positioned around the store perimeter. The layout and sign configuration create deflected views, emulating a cityscape and enticing the shopper to see what's around the next bend.

8

5. 昼時に店内で最も混み合うデリ・セクション
6. アメリカではポピュラーなカード売り場。ここでは本や雑誌も扱っている
7. ワイン売り場はカリフォルニアのナパバレーのブドウ棚がモチーフになっている
8. 乳製品売り場。トラン板を使ったローコストなサインだが効果的である。

5. Deli
6. Greeting cards & Magazines
7. Napa Valley style Wine section
8. Take a break at the Refreshment stand

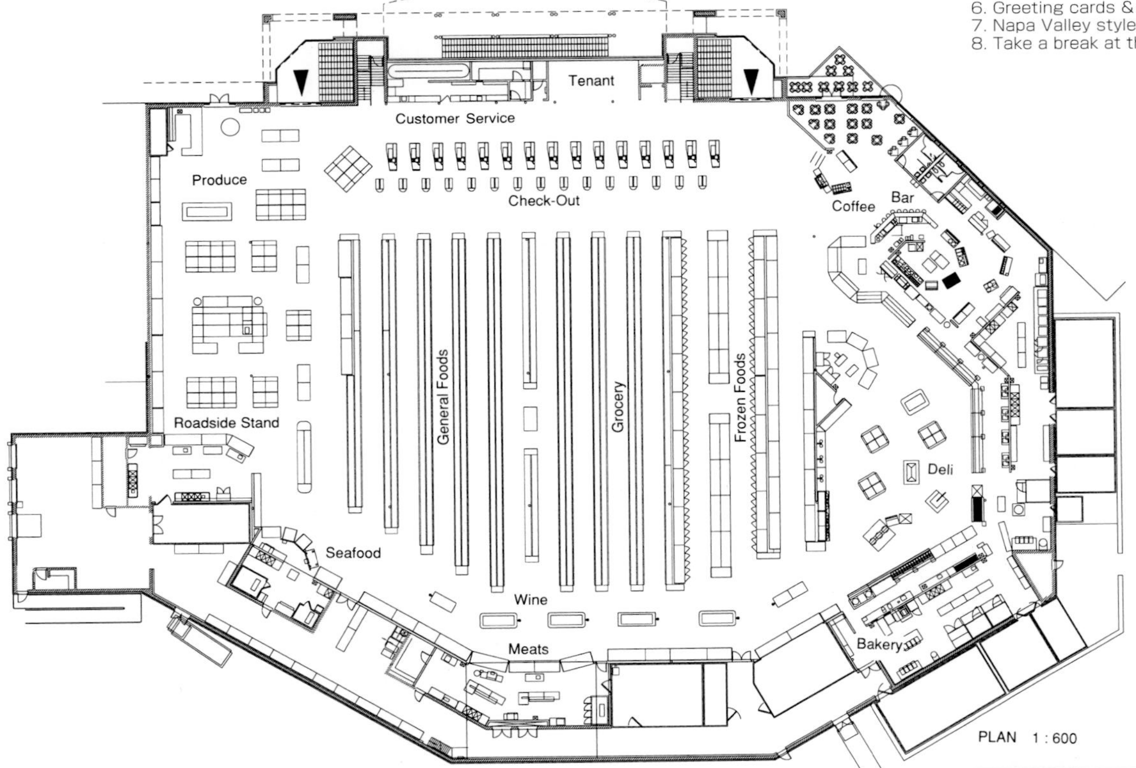

PLAN 1 : 600

FACT SHEET

Harris Teeter Reseach Triangle Park
Location : Reseach Triangle Park Cary, North Carolina, U.S.A.
Designer : Shook Design Group
Client : Harris Teeter, Inc.
Opening Date : March 1996
Size : 6050㎡
Photographer : Tim Buchman

ハリス・ティーター・セージ・ヒル店

HARRIS TEETER Sage Hill

ジョージア・アメリカ
デザイン：リトル&アソシエーツ・アーキテクツ

Georgia, U.S.A.
Designer : LITTLE & ASSOCIATES ARCHITECTS

ドーム屋根の内部は梁やダクトをむき出しにしたウエアハウス・スタイル

ノース・カロライナ州マシューズを本拠としてアメリカ東南部に140店舗を展開するハリス・ティーター社。同社は出店に当たり市場調査を行って，ロケーションに合わせたマーチャンダイジングプランとストアデザインを決定する方針を取っている。
ハリス・ティーター・セージ・ヒル店は，ジョージア州一の大都市アトランタにあり，また，エモリー大学キャンパスを近くに控えるなど，交通量の多い都市型の立地条件を備えている。出店前の調査で付近の人々がコーヒーバー，HMR専門店，ワイン専門店，自然食品店などのスペシャリティー・フードストアを頻繁に利用していることが分かった。そうした多様なニーズを満たすことが同店特有の課題となった。問題は敷地面積の狭さであった。解決策として採用したのは中2階のある2フロア構成。これは米国のスーパーマーケットとしては異例の構造であり，ハリス・ティーター社としても初めての試みであった。
大きなドーム屋根の建物の内部は，梁やダクトをむき出しにしたウエアハウス・スタイ

Based out of Mathews, North Carolina, Harris Teeter operates 140 stores through out the southeastern USA. Each store design and merchandising plan is matched with the local flavor.
Sage Hill store is located in Atlanta near Emory University, and has a large population and traffic feeding into the area. Before opening, plans were made to take local needs for a coffee bar, Home Meal Replacement, wine, and natural foods into consideration. To solve its space limitation, a two story with mezzanine design was utilized. This design is a first for Teeter and also rare in store design.
Under a large dome ceiling, are exposed beams and ducts. Steel pole structures add to a dynamic store image, and also achieve cost savings. The supermarket is located on the ground floor, while the

1. ドーム型の屋根が特徴的なハリス・ティーター・セージ・ヒル店外観
2. マーケット・ホール右手の野菜，フルーツ&ジュースコーナー

1. Exterior showing domed roof.
2. Produce, fruits and juice area.

1

Fresh
Fruit Baskets
FRESH FRUITS & JUICES
CUSTOM
FRUIT BASKETS
MADE TO ORDER
LEEKS
KOHLRABI
RED CHARD
BOK CHOY
CABBAGE
HOLIDAY VEGETABLE
TRAYS

3

4

5

ル。中2階の支柱にはスチール製ポールを使っている。これはストア全体にダイナミックなイメージを生むとともに，建築のコストダウンにもつながっている。
下が通常のスーパーマーケット，上はスペシャリティー・ストアの集合と，顧客が目的によって選択できる構造になっている。1階の中心はマーケットホール。入り口にもキャッシャーにも近い配置で，HMR，デリ，青果その他の生鮮食品，ベーカリー，食肉，魚などを一カ所にまとめている。中2階にはコーヒーバー，ワインショップ，コーシャーフード（ユダヤ系の食品），自然食品，グリーティングカードなどがある。エレベーターは店内中央の目立つ場所に設けられ，上階への興味を誘っている。また，上階だけの利用者もスピーディーにショッピングを済ませられるレイアウトである。中2階からはマーケットホールの色鮮やかな食品が見通せ，店内全体に活気あるムードを与えている。〈春日淑子〉

specialty stores are located on the second floor.
Market Hall is placed in the center. The HMR and deli are placed near the cashier area. Coffee bar, wine shop, kosher food, natural foods, and greeting cards are on the second floor. The elevator is conveniently located, providing customers speedy access to the second floor. The overall store can be easily viewed from the upper level.

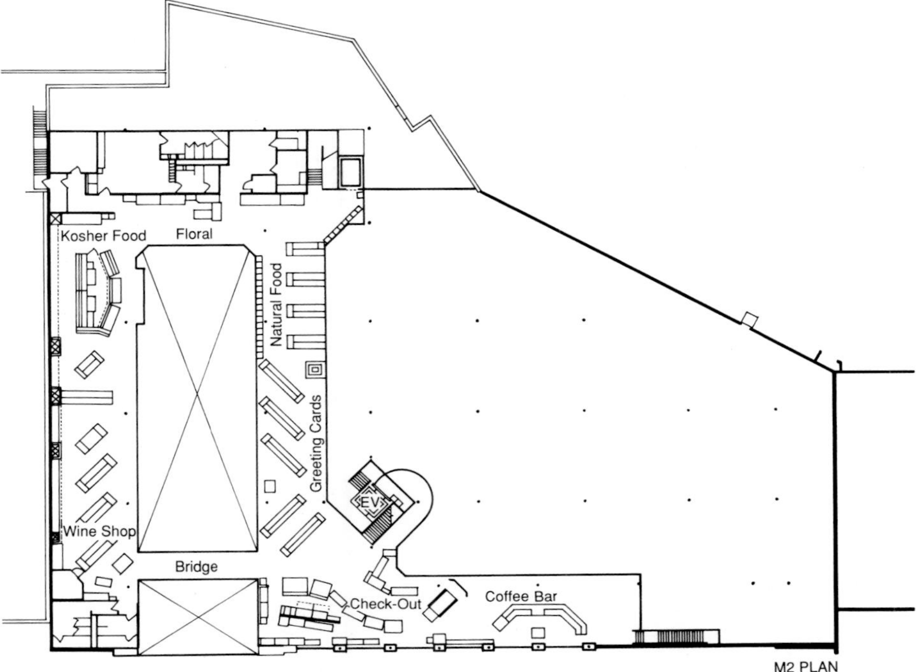

M2 PLAN

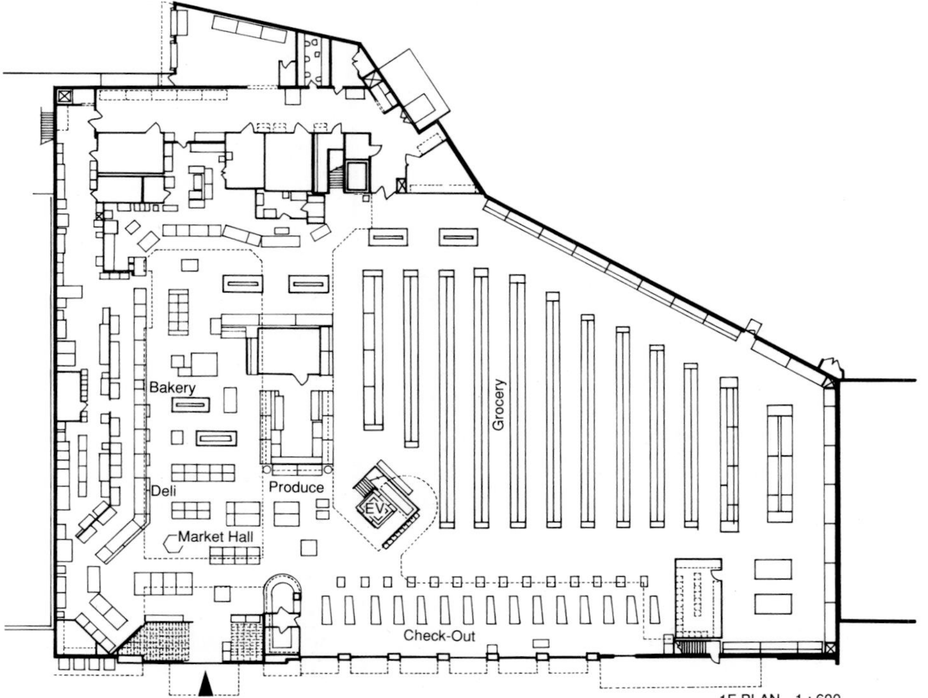

1F PLAN　1：600

3. 中2階から見たマーケットホール・エリア。一回りすると夕食に必要なものがほとんど揃う仕組み
4. 中2階の一角にあるコーヒーバー
5. 視覚的存在感で顧客を中2階に誘うエレベーターホール

3. Market Hall area seen from the mezzanine level.
4. Coffee bar located on the mezzanine level.
5. Visually attractive elevator area.

FACT SHEET

Harris Teeter Sage Hill
Location : 1799 Briarcliff Rd. NE. Atlanta, Georgia, U.S.A.
Designer : Little & Associates Architects
Client : Harris Teeter, Inc.
Size : 5022㎡
Opening Date : September 1997
Photographer : Rick Alexander & Associates

ドレーガーズ・マーケットプレース

カリフォルニア・アメリカ
デザイン：フィールド・パオリ・アーキテクツ

DRAEGER'S MARKETPLACE

California, U.S.A.
Design : FIELD PAOLI ARCHITECTS

カフェ，フレンチレストランを併設した高級スーパーマーケット

サンマテオ市は大都市サンフランシスコとシリコンバレーのあるサンノゼの中間にある小さな郊外の市である。小さい町にとってマーケットの存在は古代ギリシャの市場に等しく，買い物だけでなく，近所の人々が集まる場所でもある。さらに，ポピュラーなマーケットは周りの商店街の活性化に大変役立つ。オーナーは70年以上前にプロイセンから移民して来て，グロッサリービジネスを開いたファミリーである。
今までのスーパーマーケットは広い駐車場などを必要とするため，土地を有意義に利用できにくかった。「ドレーガーズ・マーケットプレース」では地下駐車場にし，敷地いっぱいに店を建てた。さらに，従来のコンクリートに囲まれたスーパーマーケット構想から脱皮し，2階建てガラス張りで中身が良く見えるようにした。1階入り口の左にカフェ，2階には120席のフレンチレストラン「ビオグニエー」を設け，気候の良いときには2階とともにフレンチドアを開いて客にアピールする。普通のグロッサリーショッピング以外に，1階では寿司バー，常時3万本のワインを在庫

The supermarket as a building type has many economic and social advantages to a small downtown. It can serve as an anchor to the downtown, drawing people on a weekly basis to the commercial heart of the city, thereby contributing to the economic vitality of the surrounding businesses. It is an evolution of the agora, but contains only scant evidence of the social functions that the Greek marketplace served. Chance meetings of neighbors still occur, but its potential to contribute to our sense of community has remained largely untapped.
The modern supermarket prototype has failed in its response to community needs. The combined constraints of loading requirements, parking needs and blank exterior walls have made the supermarket an intrusive presence in our downtowns.

1. 道路に面したカフェ
2. 入り口中央に設置されたエスカレーター
3. あらゆるクックブックが揃えてある図書室

1. Outdoor Cafe.
2. Escalator leading to upper level.
3. Library dedicated to cookery.

1

2

3

4

5

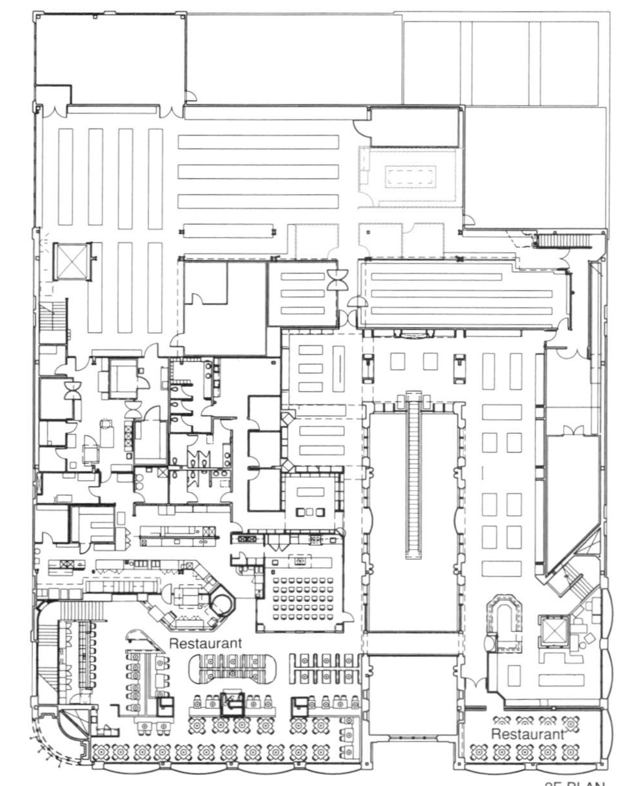

2F PLAN

6

する試飲ルーム，スモークハウスを備えた巨大デリカテッセンなどでHMRが気軽に買える。2階はレストラン以外に高級食器類，調理器具，さらに4000冊のクックブックを集めた図書室が設けてある。ビオグニエーでは48席バンケットルームの他，常時外から見学できる料理教室を提供している。教鞭を執るのは元リッツカールトンホテルのシェフ。エスカレーターを上がった2階中央には明かり取り用に吹き抜けアトリウムになっており，上からマーケット全体を眺められるようにできている。ミートコーナーでは長さ30mのカウンターで店員が忙しく働いている。ここでは，25種類以上のホームメードソーセージが選べる。棚と棚の間の通路は故意にキャッシャーと平行に並べた。
全米で一番の高額所得を誇るシリコンバレー，店の経営者は最高級品を他よりも数多く揃えるだけでなく，手に入りにくい商品，自社製品なども開発し，客に飽きられないように応えている。〈I.M.TAO〉

Draeger's Marketplace is a new supermarket prototype which addresses these problems and contributes to the urban fabric of downtown San Mateo.
The program for this supermarket includes a variety of uses not traditionally associated with this building type. In addition to the grocery area there is a coffee bar, sushi bar, delicatessen and wine tasting room on the ground level. The second floor includes a houseware department featuring cookware, bakeware, glassware, fine china and notions as well as a separate cookbook library. A banquet room is available for private dining or conferences and a state of the art cooking school is visible from Viognier.

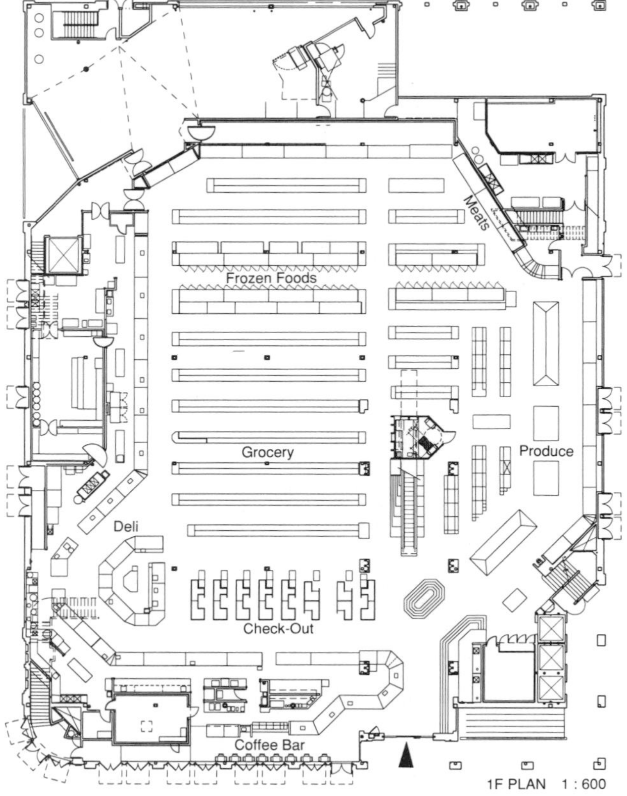

1F PLAN 1 : 600

4. 2階からエスカレーター越しに見る。右手にあるのはレストランのバルコニー
5. 2階のレストラン「ビオグニエー」
6. ワインの試飲ルーム

4. Looking down the foyer, restaurant is located on the right.
5. Restaurant Viognier.
6. Wine Tasting Room.

FACT SHEET

Draeger's Marketplace
Location : San Mateo, California, U.S.A.
Designer : Field Paoli Architects
Client : Draeger's Super Markets, Inc.
Size : 5580㎡

ビレッジ・マーケット

VILLAGE MARKET

テネシー・アメリカ
デザイン：リンド・デザイン

Tennessee, U.S.A.
Designer : LIND DESIGN

ガソリンスタンドに併設されたフルサービスのスーパーマーケット

ガソリンスタンドにコンビニエンスストアがついているのは，最近では珍しくない。しかし，フルサービスのスーパーマーケットが併設されているものは，このアモコ・ガソリンスタンドが初めてであろう。「ビレッジ・マーケット」はテネシー州，ノックスビル郊外25kmのゲティスビュー市にある。

真向かいには36ホールのゴルフコース・コミュニティーがある。アメリカでは，引退した人々がゴルフコースの敷地内に，クラブのメンバーシップ込みで，毎日ゴルフを楽しめる余生を送れるようにと作られたシニアコミュニティーが近年多く建設されている。そういう人たちでも，ここ車社会のアメリカでは，最低でも週1回は車にガソリンを入れなければならない。最初は，ガソリンスタンドにコンビニエンスストアが併設されはじめた。アモコ石油が目をつけたのは，ついでに毎日の食卓に必要な食材，HMRなどの販売である。ガソリンを入れるついでにガム，キャンディーを，さらにレタスを一個でも買ってもらおうというのである。

車で行けば，さほど遠くない距離に競争相手

Pull up to the pumps in front of the The Village Market and you can fill up on gas, soda, cigarettes, sandwiches, beer, a week's worth of groceries and some "almost new" golf balls too. It strives to offer convenience in every sense of the word by selling Amoco gasoline under a canopy directly connected to a convenience store that leads to a full-service supermarket. Located in a neighborhood shopping center at the entrance to Gettysvue-a 350-acre planned golfing community on the outskirts of Knoxville, Tenn. Village Market is the first foray into upscale retailing by the 18-unit Smith & Woods chain. The links are directly across the street from the store. Village Market draws from some 20,000 residents in a three-mile radius in the Ebenezer Road area of Knoxville (a 15 minute drive from

1. デリセクション
2. デリセクションのクローズアップ
3. コーヒーステーション

1. Deli Section
2. Closeup of Deli.
3. Coffee station & Beverage refrigerator.

1

2

3

4

5

となる，大手スーパーが４軒ある。ビレッジ・マーケットがターゲットとしているのは，ゴルフコース・コミュニティーを主とした，半径5km以内の人口2万人だ。引退した人々以外には，共働きの家庭が多い。したがって，新鮮な野菜，果物の他にHMRの主菜，サラダ，デザート類を豊富に揃えてある。開業当時は，ガソリンスタンドの店員に，全く新しいスーパー経営のノウハウを教育するのに苦労したが，今ではそれも克服し，予想以上の売り上げをもたらしている。〈I.M.TAO〉

downtown), where farms are being razed to make room for subdivisions to house Knoxville's burgeoning white-collar population.

6

7

4. 新鮮な野菜と果物
5. ブッチャーがいる肉セクション
6. キャッシャーは分かりやすくストライプの吊り屋根付き
7. キャンディセクションと肉セクション

4. Fresh fruits and vegetables.
5. Meat section complete with butcher.
6. Checkout area, visible by striped roofs.
7. Candy Section and Meat Section.

FACT SHEET

Village Market
Location : Gettysvue, Tennessee, U.S.A.
Designer : Lind Design
Client : Amoco
Opening Date : June 1999
Size : Shop1163㎡ Site1544㎡

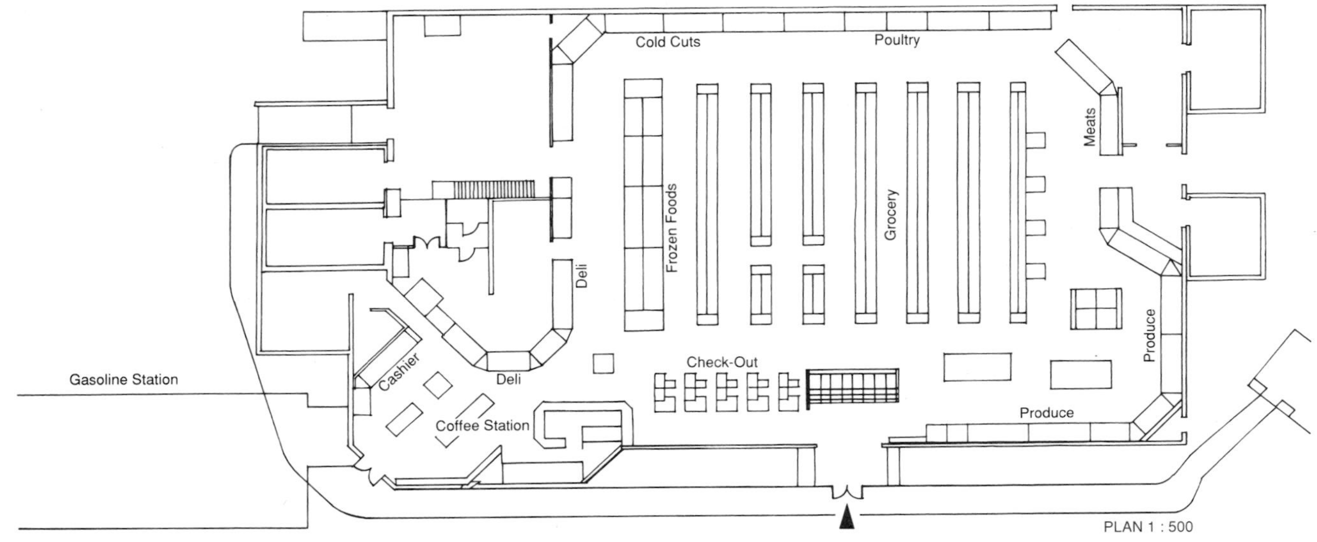

デルシャンプ・プレミエ

ミシシッピ・アメリカ
デザイン：リンド・デザイン

DELCHAMPS PREMIER

Missisippi, U.S.A.
Designer : LIND DESIGN

3Dの立体スカルプチュアがビジュアルポイント

「デルシャンプ・プレミエ」は三つのリテイルゾーンを1カ所に集めた試みである。客は吹き抜け天井，ガラス張りの1階エントランスよりフレッシュマーケットに入る。カフェは1階，2階にあり，全体を眺められるように位置している。隣には1階から3階までもの高さがあるデリ・セクションの暖炉がある。中にはピザ焼きと鶏のロッティセリー用の釜が仕込まれている。シェフ直々に調理されたHMR，チーズ類が揃うチーズアイランドが店内に建てられてある。天井はダークブルーに染められ，アウトドアマーケットに似せてある。強いスポットライトを食物に当て，それぞれの個性ある彩りと形を強調し，客にビジュアル的にアピールし，売り上げを伸ばす効果がある。
ベーカリーでは1950年代のグラフィックを起用し，全体をレトロ調にしている。シーフードセクションにはニューイングランド地方特有のフィッシャーマンズウオーフ（波止場）を再現した。ヨットのマスト付きウオーフには寿司も用意されている。マーケットの中央には，スナックとドリンクの3D立体スカル

Delchamps Premier is divided into 3 major retailing zones. The customer enters the store into the fresh market. The cafe is both upstairs and down creating a striking vista. The 3-story deli hearth contains a pizza oven and rotisserie to prepare chicken. Hot Food Departments, Cheese Islands, chef's fresh prepared foods to go and a full refrigerated roadside produce market is built into an actual freestanding building. The ceiling is painted dark blue to create the effect of an outdoor marketplace.
The bakery, with it's 50's style graphics, add to the retro retail design effect. A free standing New England Fishermans Wharf, complete with fish scale shingles and ships masts, becomes a special destination within the Food Village. Larger than life 3-D sculptures are placed to attract customers

1. デリ・セクションの中央にあるピザ釜
2. 道端の露天小屋に似せた農産物セクション
3. デリ・セクションは半円形のキャノピー付き

1. Deli's hearth.
2. Roadside Produce section
3. Deli section with curved canopy.

1

2

3

4

5

6

7

プチュアが目印となり，客に分かりやすく店内を導く。これらは同伴して来る子供たちを楽しませる役目もある。入り口付近には「キッズ＆ファン」と呼ばれる託児所も設けてあり，親が気分良くショッピングできるよう努めている。さらに，通路の各所にTVモニターを設置し，常に託児所内が見られるようにも考慮されている。
三つ目のリテイルゾーンは薬局，化粧品，健康食品からなる。展示棚は他と直角に配置し，客の流れを変え，より多くの商品が目につくようにしてある。〈I.M.TAO〉

towards the store center. They add humor and make the store more pleasant for the kids. There is also a Kids & Fun area, so that moms can drop off their kid in a supervised play room and be able to monitor them from TVs throughout the store. The third store within is the Health, Cosmetics and Pharmacy departments. The checkout area is very visual ; it's shaped in a large ellipse to create a focal point and give a final quality statement about the shopping experience.

8

4. 3D立体サイン
5. 波止場を再現したシーフードセクション
6. ペットコーナー上の3Dサイン
7. 客に分かりやすく，キャッシャーエリアの上部には楕円形のライト
8. ワインストリートと呼ばれるワイン売り場

4. 3-D sculptures to direct customers.
5. Seafood Market complete with docking posts and rope.
6. 3-D signs at the Pet Supply section.
7. Large ellipse over checkout area.
8. Wine Street.

FACT SHEET

Delchamps Premier
Location : Hattisburg, Missisippi, U.S.A
Designer : Lind Design
Size : 698㎡

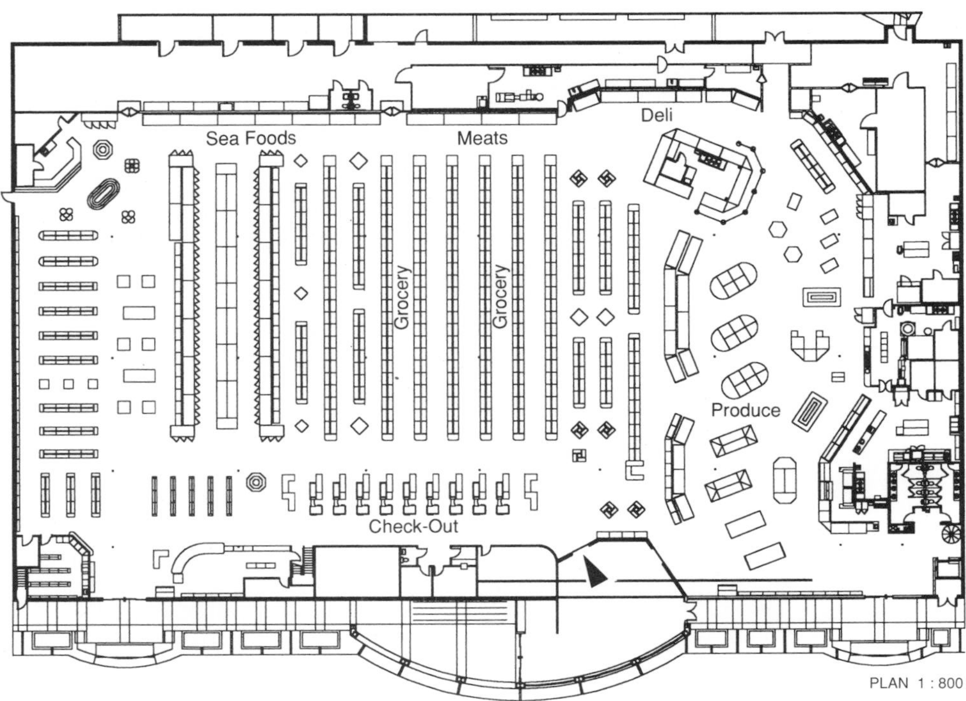

PLAN 1 : 800

ビックス・ワールド・クラス・マーケット ノビ店

ミシガン・アメリカ
デザイン：プログラムド・プロダクツ

VIC'S WORLD CLASS MARKET Novi

Michigan, U.S.A.
Designer : PROGRAMMED PRODUCTS

ヨーロッパのタウンスクエアを再現したアップスケール・スーパーマーケット

「ビックス」は，ミシガン州で3店を展開するアップスケールなグルメ・スーパーマーケットである。ノビ店はその3店舗目に当たり，シカゴ郊外の裕福な地域にある。「ビックス」は新ストア開設に当たり，顧客がフード・ショッピングを心から楽しめる店づくりを目標として掲げた。具体的には，ヨーロッパのタウンスクエアを再現し，エレガントで，しかも親しみのある商店街の雰囲気をつくり出すということである。デザイナーにとっては，1階と中2階合わせて8175m²という広大なスペースの中でいかにヨーロッパの街並みを実現するかが，課題であった。
ストアレイアウトは，青果売り場とグルメ・グロッサリーのエリアを，食肉，鮮魚，ベーカリーなどスペシャリティー・フード売り場で取り囲む形をとった。そして，各売り場はそれぞれに独立させ，視覚的にも変化を持たせて老舗専門店といった印象を与えている。いわゆるストア・イン・ストアの形態である。肉屋，魚屋，パン屋，惣菜屋と，それぞれの店の個性を表現するファサードとストアデザイン。バラバラなようではあるが，一昔

Vic's is an upscale, gourmet supermarket which operates 3 stores in Michigan. Its third store at Novi is located in the upper-middle class, suburb of Chicago. Goal for this store is to provide customers an enjoyable environment. It recreated an old European Townsquare in a vast 73,000 sq. ft. space.
Meat, Seafood and Bakery are built into an independent structure with its own facades, and surround the central Produce & Grocery area. There are also Soda Fountain, Coffee Bar and restaurant on premise for shoppers to take a breather. Recycled decorative materials from the old building were utilized. These create an upscale atmosphere only the handcrafted decoratives can provide.

1. ソーダファウンテンを見る。右手奥がベーカリー
2. エントランス近くに置かれたテイクアウト用惣菜セクション
3. 鮮魚売り場

1. Soda Fountain and Bakery
2. Takeout section near the entrance
3. Seafood area

1

2

3

4

5

6

7

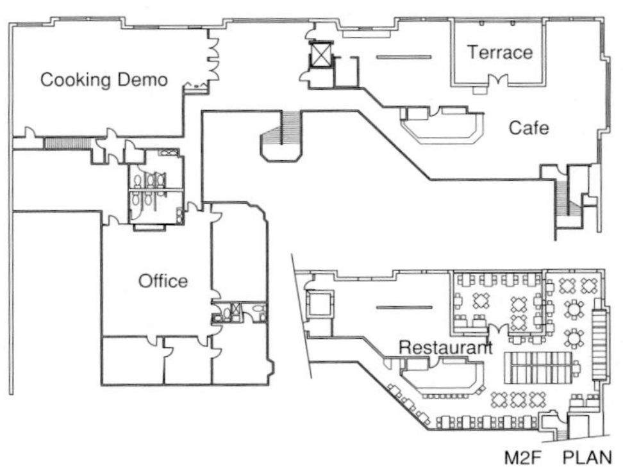

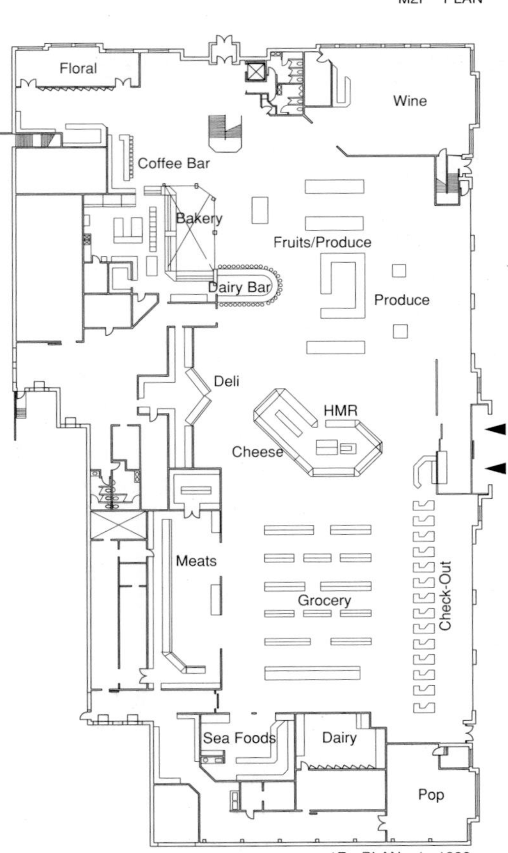

8

前のヨーロッパ風スタイルという基本線はちゃんと守っている。こうして顧客はヨーロッパの広場を訪ね，その辺りの店を1軒，1軒覗いているような気分になれる。
その他，ソーダファウンテン，コーヒーバー，レストランも置かれており，買い物の合間に友人とお茶を飲んだり，家族で食事を楽しむことができる。
建築素材には解体された古いビルの装飾を利用したり，天井に押し型ブリキを使ったり，壁にライムストーン仕上げを施したり，カスタムデザインのメタル装飾を多用するなどして，手作り感，高級感を盛り上げた。大型の木箱，樽，バスケットに商品を盛り，随所に配置したことも，カジュアルで温かい雰囲気を加えるのに効果を挙げている。〈春日淑子〉

4. 青果売り場とレストラン，中2階への階段
5. ソーダファウンテン
6. コーヒーバー
7. 生花と鉢植え植物を置くフラワーショップ
8. 外観全景

4. Sea Foods Section and step to mezzanine
5. Soda Fountain
6. Coffee Bar
7. Flower shop
8. Facade

FACT SHEET

Vic's World Class Market, Novi
Location : 42875 Grand River Avenue, Novi, Michigan, U.S.A
Designer : Programmed Products
Client : Vic's World Class Market
Opening Date : September 1998
Size : 8175㎡
Photographer : Llew Reszka

ピックン・セーブ・アップルトン店

ウィスコンシン・アメリカ
デザイン：デザイン・ファブリケーション

PICK' N SAVE Appleton

Wisconsin, U.S.A.
Designer : DESIGN FABRICATION

古き良き時代の食料品店のイメージを演出

「ピックン・セーブ・アップルトン店」は，低価格をセールスポイントとするスーパーマーケットとして発展してきた。しかし，隣接する空き地でショッピングモール建設計画が進み，通りの反対側でも200戸以上の住宅開発が始まるなど，ストア周辺の状況は急速に変化しており，今後ますます地元消費者のライフスタイルがアップスケール化していくことが予想された。オーナーはそうした新しいニーズに対応すべく，レディーメードの惣菜や生鮮食料品部門を強化することを考えた。味と鮮度を訴えるためには高級イメージが必要である。しかし，安さを押し出したこれまでのフォーマットの中で，それをどこまでアピールできるかが問題だった。
オーナーは大胆なアイデアでこの課題を解決した。それは同じ屋根の下に独立したスペースを設け，「セントラル・マーケット」という別の名前で運営することであった。店舗面積の約5分の1を充当し，ここにデリ，HMR，ベーカリー，青果，シーフード，食肉，花などの“生もの”を集合させている。エントランス，キャッシャーも専用に設け，セン

Pick' N Save Appleton store was originally a discount store. With the recent residential development, and competition from a shopping mall, the store decided to appeal to the needs of the changing, upscale lifestyle of the clientele.
To achieve this goal, the owner developed Central Market, an independent store within a store, with its own entrance. For customers in a hurry, they can shop for Home Meal Replacement, baked goods, fresh fruit, seafood, meat and flowers through its own cashiers.
Contrasting graphics were utilized to differentiate Central Market from Pick' N Save.

1. HMRセクション。右手奥にピック'N・セーブの売り場が見える
2. ヨーロッパ調インテリアのデリ・カフェ
3. 注文でカットしてくれるミート・ショップ。奥にピック'N・セーブのパック済み食肉売り場がある

1. Home Meal Replacement area. Pick N Save area in the rear.
2. Deli Cafe is decorated in European style.
3. Meat can be order-cut at the Meat section. Prepacked meat selection are available at Pick N Save area.

1

2

3

4

5

6

トラル・マーケットだけを利用する客が素早くショッピングを済ませられるように配慮している。外から見ると全く別のストアであるかのような印象だが，内部は二つの通路でつながっており，自由に行き来することができる。

ピックン・セーブ側が派手なサイン，プレーンな天井とフロアで安さを強調するのに対し，セントラル・マーケットの方ではレンガ，スタッコ，鉄などの素材感のある材料を多用し，渋い色調，重厚なウッドフローリング，シックなサインなどで，古き良き時代の食料品店のイメージを演出している。天井の色もピックン・セーブ側とはがらりと趣を変えた深いブルーである。

スーパーマーケットでの買い物には“必要に迫られて仕方なく”の感がつきまとうが，ピックン・セーブとセントラル・マーケットは対照的な二つのフォーマットで顧客を刺激し，エキサイティングなショッピング体験を実現させている。〈春日淑子〉

4. ベーカリー。パン職人をかたどったマスコット人形が愛嬌を添える
5. 素朴なイラストのビルボードが目を引く青果売り場
6. コーヒー専門店のイメージで作られたコーヒー売り場

4. Baker doll welcomes customer at the Bakery.
5. Illustrated billboards at the Produce section.
6. Coffee Section.

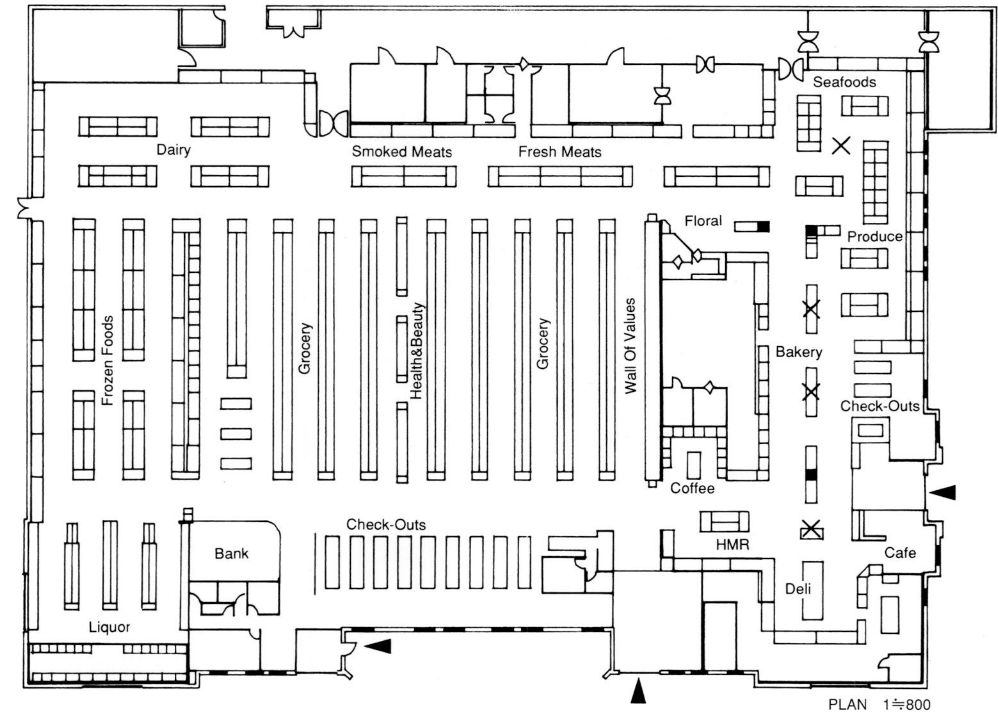

PLAN 1≒800

FACT SHEET

Pick'n Save Appleton
Location : N135 Stoneybrook Road, Appleston, Wisconsin, U.S.A.
Designer : Design Fabrication Inc.
Client : Johannesons
Size : Pick'n Save : 4181㎡
Central Market : 929㎡
Opening Date : December 1998
Photographer : Edward Purcell

スティールズ・マーケット

STEELE' S MARKET

コロラド・アメリカ
デザイン：ニーナン・アーキストラクション

Colorado, U.S.A.
Designer : Neenan Archistruction

酪農業の伝統を現代的な形で表現したスーパーマーケット

コロラド州フォートコリンズは1864年に軍隊の駐屯地となり，1865年に町となった由緒ある土地柄。主要産業は伝統的に農業と酪農である。
「スティールズ・マーケット」は1940年以来この地で営業してきており，地元とのつながりは格別に深い。そうした認識からオーナーは移転するに当たり，フォート・コリンズの歴史と酪農業の伝統を現代的な形で表現するデザインを望んだ。このコンセプトはファーマーズ・マーケットを模した青果売り場や，各エリアに取り付けた昔の田舎の食料品店を思わせるメタルルーフなどで実現されている。特にドライグロッサリーのシェルフ・エンドに取り付けたサイロのオブジェや乳製品売り場の換気装置前に取り付けた風車型のファンなどは，酪農の伝統を印象付けて効果的である。サイロの材料とした波形メタルは他の売り場の天井や壁に繰り返し用いられている。素材としてはプライウッド，メタル，木を基調として，素朴な田舎の雰囲気を醸し出すよう努めている。壁にかかった創業当時の店の写真も，長年にわたり町と歩みを共にし

Fort Collins, Colorado was established as a military department in 1864. Its main industry is farming and ranching.
Steele's Market began in 1940. For opening its new location, the owner wanted to maintain the town's historical background in the store design. This was succeeded by the concept of the farmer's market. Each product area is located under a galvanized metal roof, as in the "old town" grocery stores. Objects such as silos and windmills reflect the farm scene. Old pictures bring back the memory of Steele's Market's history.
Building materials were chosen to reflect the 'country'. Brown concrete in the produce area simulates dirt floor; wooden tiles in the meat section simulates the barn

1. エントランスを抜けるとウェルカムと大書した農産物売り場
2. エントランス近くに配置されたHMR売り場。スーパーのデリのイメージを払拭するため，"キャロルアンズ・キャリー・ホーム・キュイジーヌ" と名付けられている
3. 農産物売り場からHMR売り場を見る

1. Produce section with a large "Welcome" sign.
2. Carol Anne's Carry Home Cuisine.
3. Home Meal Replacement area seen from the Produce section.

1

2

3

4

5

6

てきたスティールズ・マーケットの誇りをアピールするものである。
デザインテーマは床にも踏襲されている。例えば青果エリアでは土を意識させるブラウンのコンクリート，食肉売り場では納屋の床を思わせるウッド調タイル，乳製品売り場ではホルスタイン牛を連想させる白黒のチェッカー・パターンといった具合である。
スペースが広くなったおかげでマーチャンダイズのバラエティーも増えたが，同時にHMRセンター，スターバックス・コーヒー，トラベルカウンター，写真現像などサービス面もぐんと充実した。特筆すべきはドライグロッサリーの棚が格段に広く設計されている点。消費者が他の顧客の行く手を遮る気兼ねなしに，商品の内容ラベルをゆっくりと見られるようにという配慮からである。オーナーによればリラックスしたショッピング環境のおかげで，顧客の滞在時間が従来よりもぐんと長くなっているという。〈春日淑子〉

floor; while the black and white checker floor of the deli's section remind you of Holstein's cows.
By the overall enlargement, not only was it able to provide services like HMR, Starbuck's Coffee, a travel agency, a one hour photo; but also each aisle was widened, so customers could have their private spaces. It resulted that customers spent more time shopping at the market.

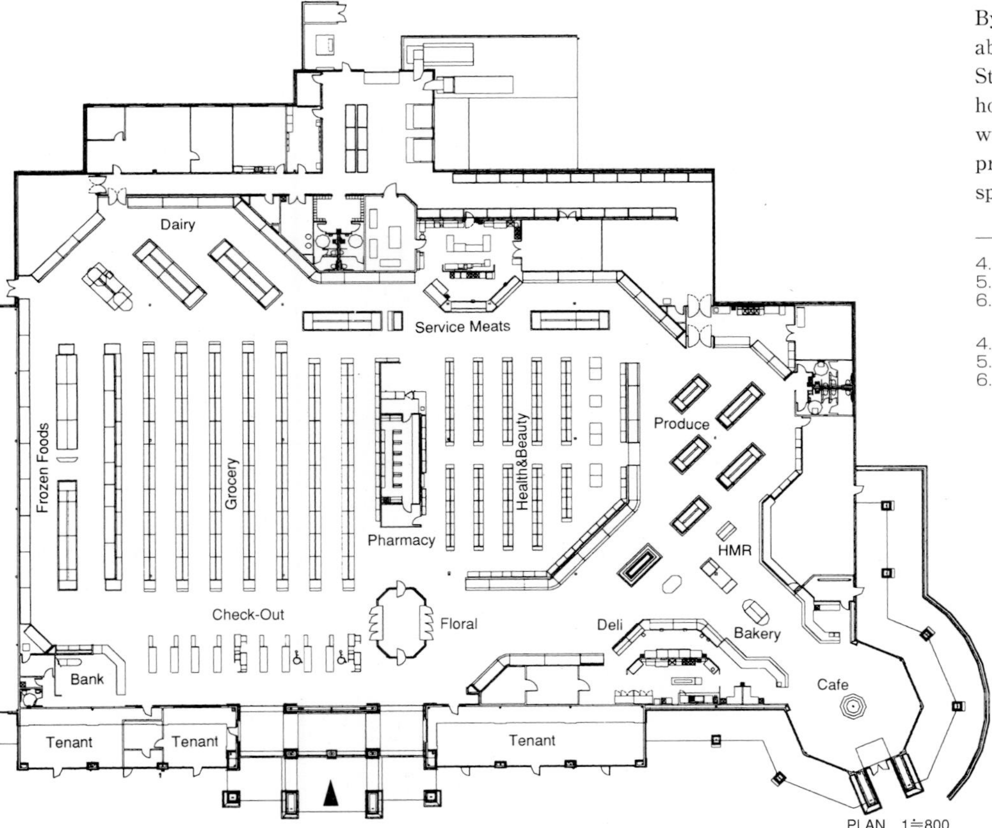

PLAN 1≒800

4. 風車型のファンのある乳製品エリア
5. サイロを模したドライグロッサリーのシェルフ・エンド
6. 昔の田舎町の商店のストアフロントを模した農産物売り場のデザイン

4. Deli area decorated with a windmill.
5. Silo shaped Dry Grocery section.
6. Produce section is designed like an "old fashion" storefront.

FACT SHEET

Steel's Market
Location : 802 W Drake Rd. Fort Collins, Colorado, U.S.A.
Designer : Neenan Archistruction
Decor : Design Fabrication
Architect : Greg D. Fisher Architecture
Client : Steele's Marketing Inc.
Size : 5760㎡
Opening Date : December 1998
Photographer : Lacasse Photography

ネーチャーズ・ノースウエスト

NATURE' S NORTHWEST

オレゴン・アメリカ
デザイン：JGA

Oregon, U.S.A.
Designer : JGA

コンセプトはウェルネス・ライフスタイル・スーパーマーケット

毎日が忙しくストレスがたまりがちな現代社会。人々は心と体のバランスがとれた，健康的な生活を渇望している。そこで登場したのがウェルネス・ブームである。ウェルネスとは，心身ともに健やかで美しいことを意味している。オレゴン州ポートランドにある「ネーチャーズ・ノースウエスト」のコンセプトは，ウェルネス・ライフスタイル・スーパーストア。あらゆる関連商品とサービスを揃え，ウェルネスのワンストップ・ショッピングを可能にしている。
取り扱い商品はグロッサリー，グルメフード，健康食品，ビタミン／栄養剤，アロマテラピー，ハーブ，バス＆ボディー用品，花，ホームアクセサリーと実に広範囲にわたっている。さらに中2階には，サロン，スパ，エクササイズ，ヨガセンター，インフォメーションセンターなどのサービス施設も整っている。
大自然に恵まれた米国北西部をネーミングとしているだけに，デザイン面ではナチュラルさ，ヘルシーさが強調された。駐車場からストアへのアプローチにはリサイクル材料で作

Modern civilization is full of stress. People search for a well balanced lifestyle. Nature's Northwest is a one stop shop for products and service, which fulfill both mental and physical fitness.
The store carries groceries, gourmet items, health foods, vitamins, herbs, bath and bath products, flowers, and other home accessories. There are spa, exercise/yoga center, and product information center on the second level.
Befitting to the natural Northwestern U.S.A., nature is the design theme here. Recycling materials are used in the floral landscaping, in the approach from the parking area to the store. Above the entrance is a high, sky-lit ceiling. Notice many natural handmade fixtures. Store logos are found throughout the interior on

1. 田舎の市場を思わせるマーケットホール
2. 食器，ホームアクセサリー売り場とアップスケールなイメージのワインセラー
3. ヘルシーな軽食とジュースを提供するデリカフェ

1. Old fashion Market Hall.
2. Houseware section and upscaled wine cellar.
3. Deli & Cafe offer light, healthy meals and variety of juices.

1

2

3

4

5

6

った花壇。エントランスを入るとスカイライトを採り入れた高い天井がアウトドアのすがすがしい空気感を生み出している。ナチュラル素材やハンドメードの仕上げ材を多用しているのも特徴。シンプルに抑えた店内のそこここには，壁画，ポスター，スライドプロジェクションなどの方法でストアロゴが繰り返し登場する。これはストア体験とブランドイメージを結合させようという狙いからである。

入り口近くはマーケットホール。青果コーナー，サラダバー，電子レンジに入れられる容器入り惣菜や寿司を置くHMRコーナー，ベーカリーが配置されている。手早く必要な食品だけピックアップしたいという客はここだけでニーズを満たすことができる仕組みである。店内では料理教室やガーデニング教室などのイベントも盛んだ。レイアウトはそうしたバラエティー豊かな要素を備えた広大な店内を，顧客が自分のペースでゆったりと散策できるよう工夫されている。〈春日淑子〉

murals, posters, and projection. Market hall, fresh fruit, salad bar, Home Meal Replacement, and bakery are located near the entrance. Shoppers can easily pick out their take-out needs. Cooking and gardening classes are frequently provided to the customers. Ample store space provides private areas for customers too.

Self Care Center
Nature's Info.Com.
Salon/Spa
M2F PLAN

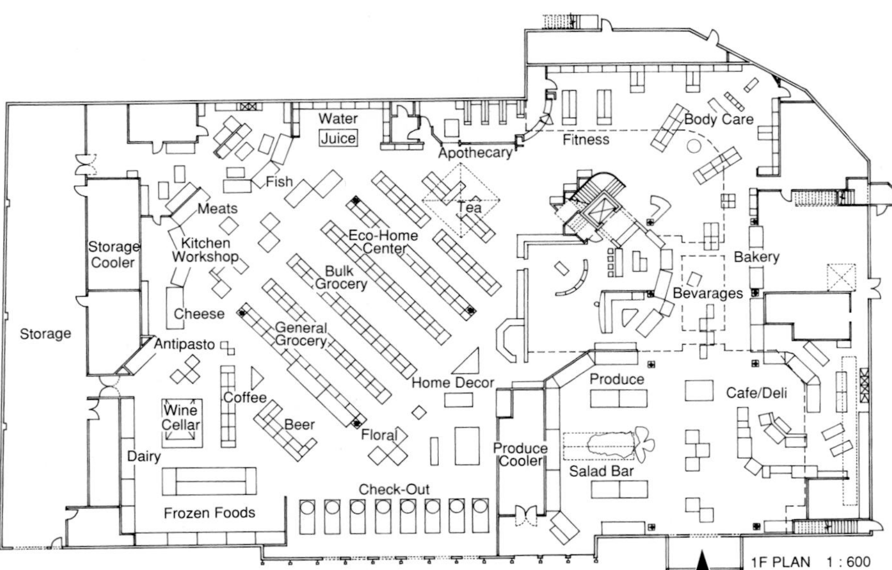

1F PLAN 1 : 600

7

4. ナチュラルな素材で仕上げたティー売り場
5. 犬と猫をかたどった鉄製アートがあるペットフード売り場
6. キャッシャー
7. ガーデンのあるエントランス

4. Tea selections.
5. Pet food area decorated with iron artworks.
6. Cashier.
7. Entrance.

FACT SHEET

Natur's Northwest
Location : 17711 Jean Way Lake Oswego, Oregon , U.S.A.
Designer : JGA Inc.
Client : Nature's Northwest
Size : 3914㎡
Opening Date : August 1998
Photographer : JGA

ビッグ・ベア・マーケット コロンバス店

オハイオ・アメリカ
デザイン：プログラムド　プロダクツ

BIG BEAR MARKET, Colombus

Ohaio, U.S.A.
Designer : PROGRAMMED PRODUCTS

商品をモチーフにしたグラフィックで遠くから分かるようにしたスーパーマーケット

「ビッグ・ベア・マーケット」は，30店舗余りを展開するスーパーマーケット・チェーンである。オハイオ州コロンバス店では，この地域における本格的なHMRとテイクアウト惣菜のリーダーとしてのポジションを固め，競合店との差別化を図ることを目標とした。デザインのキーポイントは顧客の購買パターンを決定するエントランス部分である。足を踏み入れると，中心にファーマーズ・マーケット風の青果売り場があり，それを取り囲んで配置されたカプチーノ・バー，チキン・ロティセリー，HMRセクション，デリ，グルメ・ベーカリー，サラダ，フルーツ・ディスプレイなどが一度に目に飛び込んでくるデザインになっている。各売り場は大型のサインはもちろん，ベーグルやチキンといった商品をモチーフにしたグラフィックで遠くから分かるように工夫した。天井はダークな色に抑え，スポットライトを使って商品をドラマチックに演出し，シズル感を盛り上げている。アクセントとして錬鉄製のフェンスや昔風の街灯を配し，雰囲気を盛り上げた。強烈なビジュアルインパクトで，顧客に目的のエリア

Big Bear Market operates over 30 stores. This Columbus OH store emphasizes Home Meal Replacement (HMR) and take-out food. Customers can see the whole store from the entrance area. Located in the middle is a Farmers Market style produce area. Surrounding it, is the Cappuccino Bar, Chicken Rotisserie, HMR, Deli, Gourmet Bakery and Fruit/Salad Bar. Large signs shaped in bagels, chicken, etc. hang from darkened ceiling. Spotlights bring out the drama in everyday products. HMR section is accentuated by iron fences and old street lamps. Customers in a hurry, can locate the areas they want, and finish the shopping quickly. Meat, Seafood and Dairy sections are located deeper to the right side.

1. 外観全景
2. テーブル席も設けられたテイクアウト・エリア
3. ベーグル売り場

1. Exterior
2. Takeout Food Area
3. Bagel section

1

2

3

4

5

であることを即座に理解させる仕組みである。その日の食事を手早くピックアップしたい場合は，1カ所で買い物を済ませ，キャッシャーに向かうことができる。

奥を右に進むと食肉，鮮魚，乳製品など調理食材の売り場が並んでいる。青果売り場で仕切られた右側はシェルフ形態でドライグロッサリーや日用品を並べている。「ビッグ・ベア」がこの店で特に充実させた，インターナショナル・フード，ペットフード，化粧品，などの売り場もここにある。その他，ブロックバスター・ビデオや銀行，ドライクリーニング，ファーマシー，写真現像，ケータリング，花，ガーデンショップなど日常的に必要なあらゆるサービスを提供し，ワンストップ・ショッピングを可能にしているのもこの店の魅力である。〈春日淑子〉

Besides the array of International Foods, Pet Supply and Cosmetics, Big Bear provides one stop shop for Block Buster Video, Bank Service, Dry Cleaning, Pharmacy, One Hour Photo, Catering and Garden/Flower Shop.

4. 鮮魚売り場
5. ロティセリー・チキン
6. インターナショナル・フードエリア
7. 1930年代風の壁画がある青果売り場
8. キャッシャーまわり

4. Seafood
5. Rotisserie Chicken
6. International Food
7. Mural from the 30's at the Produce Market
8. Cash Register

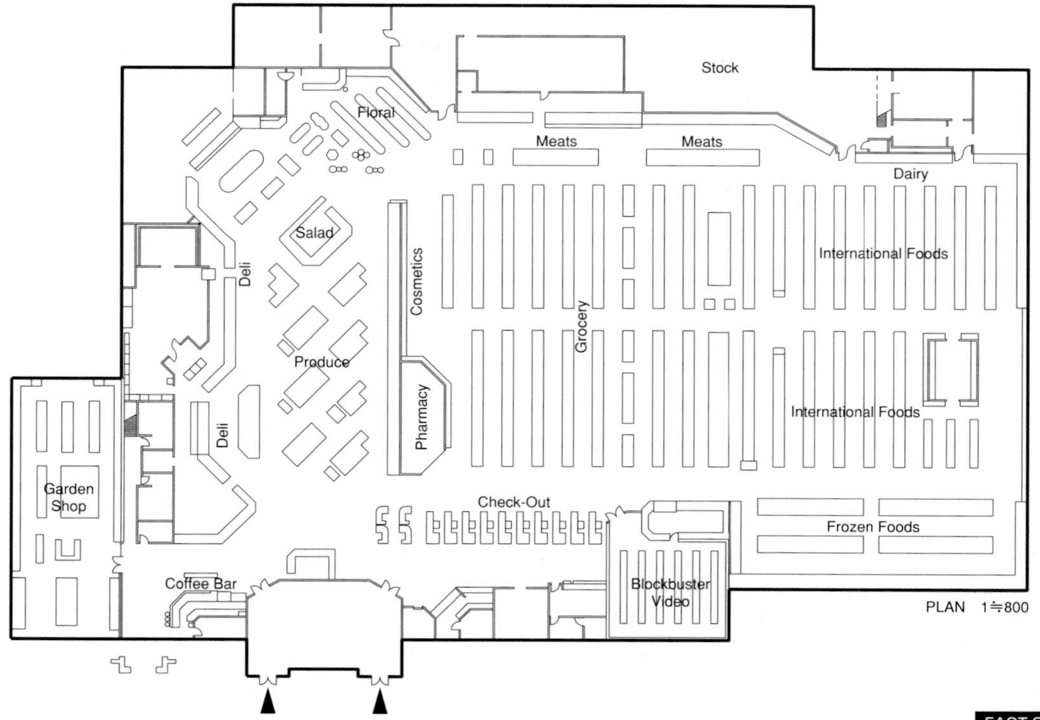

PLAN 1≒800

FACT SHEET

Big Bear Market, Columbus
Location : 3670 W. Dublin-Granville Road, Columbus, Ohio, U.S.A.
Designer : Programmed Products
Client : Big Bear Stores
Opening Date : May 1997
Size : 7432㎡
Photographer : Llew Reszka

ゼンダーズ・マーケットプレース

ミシガン・アメリカ
デザイン：JGA

ジェネレーションX，Yをターゲットにした HMR専門店

百年の歴史を持つ老舗のゼンダーズレストランは，絶えず環境変化の波に乗り遅れないようイメージチェンジを繰り返してきた。ゼンダーズはミシガン州フランケンムッス市にあるオールドジャーマンタウン（ドイツ人街）の一画にある。したがって，観光客もたくさん訪れる。
共働き夫婦，片親家族など忙しい近代人のために，1階全フロアをHMRを専門とした「ゼンダーズ・マーケットプレース」と「Zカフェ」に改装した。ジェネレーションX，Yと呼ばれる，20代，30代の若いプロフェッショナルもターゲットになっている。店内は視界を妨げないよう，ディスプレイなどは目線以下の低い位置に抑えたオープンフロアプランにした。その結果視覚以外に香り，ノイズなどが客の嗅覚や聴覚を刺激することができた。故意にオールドファッション市場のようなザワザワした環境をつくった。100席設けられたダイニングエリアでは1時間ごとにシェフによる料理のデモンストレーションが行われる。クールなインテリアで，天井からは直径２mの銅製シャンデリアが吊ってある。

ZEHNDER'S MARKETPLACE

Michigan, U.S.A.
Designer : JGA

Zehnder's of Frankenmuth, a restaurant more than 100 years old, recently updated its image by adding excitement and takeout food, focus sought by many of today's supermarkets.
Responding to today's social trends, the lower level was reinvented as Zehnder's Marketplace and Z Chef's Cafe to attract professional, time poor, dual-income families or single parents who desire a fresh, quality meal, but don't have time to prepare it; Gen-X'ers and Y's who want a cool place to eat out with their friends. The Marketplace's open floor plan speaks to each of the senses; its sights, sounds, smells and feel create both a physical "visual" taste treat for guests. A 100 seat casual food service area features an open framework where the Zehnder's culinary team greets and serves made-to-order selections from Z Soup station and Z Hot

1. 店の奥から入り口方向に見る
2. 天井から吊ってある直径2mの銅製シャンデリア

1. View towards the entrance.
2. Exposed ceiling and dramatic six foot chandeliers.

1

TRASH

3

4

5

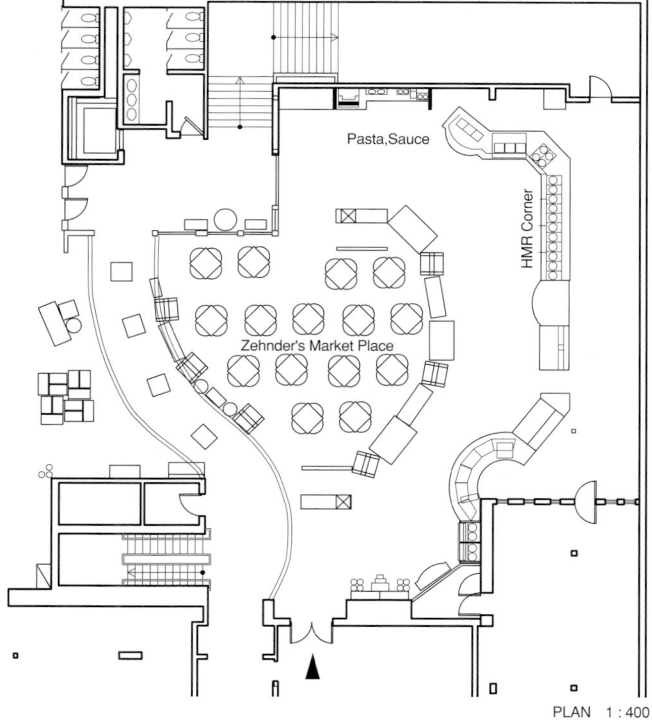

PLAN　1 : 400

客はZスープ，Zピザ，Zサンドイッチ，Zベーカリー，Zサラダなどと呼ばれるコーナーで好みの材料を選びメニューを注文する。店内にはZ（ゼンダーズ）ブランド商品が所狭しと置いてある。食器，テーブルウエアなどもゼンダーズのロゴ入りで，店名を印象付けるよう心掛けている。〈I.M.TAO〉

Stuff to Z Pizza station. Hourly, Zehnder's award-winning chefs present culinary demonstrations. A new brand and a new contemporary look was developed for the Marketplace to provide a European gourmet atmosphere. An exposed ceiling, dramatic six foot chandeliers and copper Zs sculpted in the silver and wrought iron railings surrounding the dining area, punctuate the Tuscan-inspired design.

3. Zスープ，ZピザなどHMRが揃っている各コーナー
4. ゼンダーズマーケット・プレース，100席設けてある
5. 奥のパスタ，ソースコーナー

3. Various takeout food corners, focus sought by today's supermarkets.
4. Zehnder's Marketplace, 100 seat casual food service area.
5. Pasta, sauce display.

FACT SHEET

Zehnder's Marketplace
Location : 730 S. Main, Frankenmuth, Michigan, U.S.A.
Designer : JGA, Inc.
Client : Zehnder's
Size : 638㎡
Photographer : Lazlo Regos

マキシ・エ パピノ通り店

モントリオール・カナダ
デザイン：パパス・デザイン・スタジオ

MAXI & CIE, Papineau

Montreal, Canada
Designer : PAPPAS DESIGN STUDIO

カラフルな遊び心あふれるデザイン

このスーパーマーケット「マキシ・エ　パピノ通り店」の店づくりは，「大きなディスカウントボックス」というコンセプトのもとに進められた。従来のマキシ・エ・カンパニーのメーン商品ライン――新鮮な食材と惣菜――に新たなサービスと商品ラインを加え，このスーパーマーケットの立地するエリアで独自の顧客を獲得する計画である。

新たに加えられたサービスと商品ラインとは，写真，フィルム，DPEサービス，化粧品，娯楽雑貨，おもちゃ，家庭用ハードウエア，オフィス事務用品，銀行などで，その売り場面積は全体の三分の一を占める。売り場構成は，グロッサリー，食料品，そして新顔のノンフードプロダクトの三つのセクションからなる。

他店との価格競争に打ち勝つためにも，イニシャルコスト（インテリアデザインおよび工事費）を低く抑えることは，この店の成功のための一つのカギであった。それに加えてデザイナー，パパス・デザイン・スタジオが留意した点は，広い7900m²の空間にどのようにメリハリをつけるか，ということ。セクショ

Maxi&Cie has carved out its own niche in the supermarket area by developing an entirely new approach to their marchandise mix. In order for Maxi&Co. to maintain its competitive price point edge, an economical building shell and interior was key to its success. A new discount "big box" store concept occupying approximately 85,000 sqare feet was to be developed including many new services and product lines to the standard grocery and fresh food product lines normally found in the traditional Maxi stores. A strong new non-food product component, occupying one third of the area,was added including photo products and development, cosmetics, entertainment oriented products, childrens toys, housewares, office

1. 化粧品売り場。巨大なアーチが顧客を迎える。白木のディスプレイケースがこの売り場に“特別で，かつ親しみやすい”雰囲気をつくり出す
2. エントランスより見た店内。手前の果物ディスプレイ棚はエントランスを入った顧客が店内奥まで見渡すことのできるよう低くデザインされている
3. フォトラボ，銀行方向を見る

1. Cosmetic department
2. Central view of store entrance
3. Photolab

1

2

3

4

5

6

7

FACT SHEET

Maxi&Cie, Papineau
Location : 8305, rue Papineau, Monteal, Quebec , Canada
Designer : Pappas Design Studio Inc. Bess Pappas&Susan Reed
Client : Provigo Inc.
Size : 7900㎡
OPening Date : 1998
Photographer : Yves Lefebvre

ンごとに空間を区分し，顧客が容易に目指す売り場を見つけられるように各セクション，売り場ごとにいくつかのメーンポイントを設置することであった。
カラフルな遊び心あふれるデザインが売り場ごとに採り入れられ，天井高の高さを利用してボリュームのある造形がつくられた。ローコストの仕上げ材であるプラスチックラミネートや波形鋼板，ガルバリウム鋼板などを効果的に用い，新鮮で明るくクリーンなイメージをつくり出している。3D壁画，サイン，そして照明もこの空間の重要な役割を果たしている。
一つ一つの商品ディスプレイ，微妙なディテールが店舗全体の印象を左右する。そして店舗環境は顧客一人一人のその店での行動に大きな影響を与えるが，ここでの主役はあくまで商品である。店舗環境は商品を引き立たせるもの，そして顧客にどこに何の売り場があるか知らせ，的確な案内をするためのものでなければならない。〈二谷美和子〉

8

oriented products and an independent full service bank, Finally, this rich mix of product lines was the framework for the 3 distinctive sections of the store comprising of packaged grocery products, fresh foods and non-food products.
The design challenge we faced was to determine how we could highlight various points of interest within the immence 85,000 square foot space and stimulate the customers so that they could easily discover these points of interest. Bold colourful and playful designs were created for each feature department and they were planned throughout the layout of the space so that the customer would discover them along the shopping circuit. Volumetric shapes were introduced and were proportionately designed to take advantage of the high open structure ceiling. Effective, economical and unpretentious finishes such as plastic laminate, corrugated metal and galvanized metal were utilized in strong appealing colour schemes to create a fresh, clean and bright appeal.

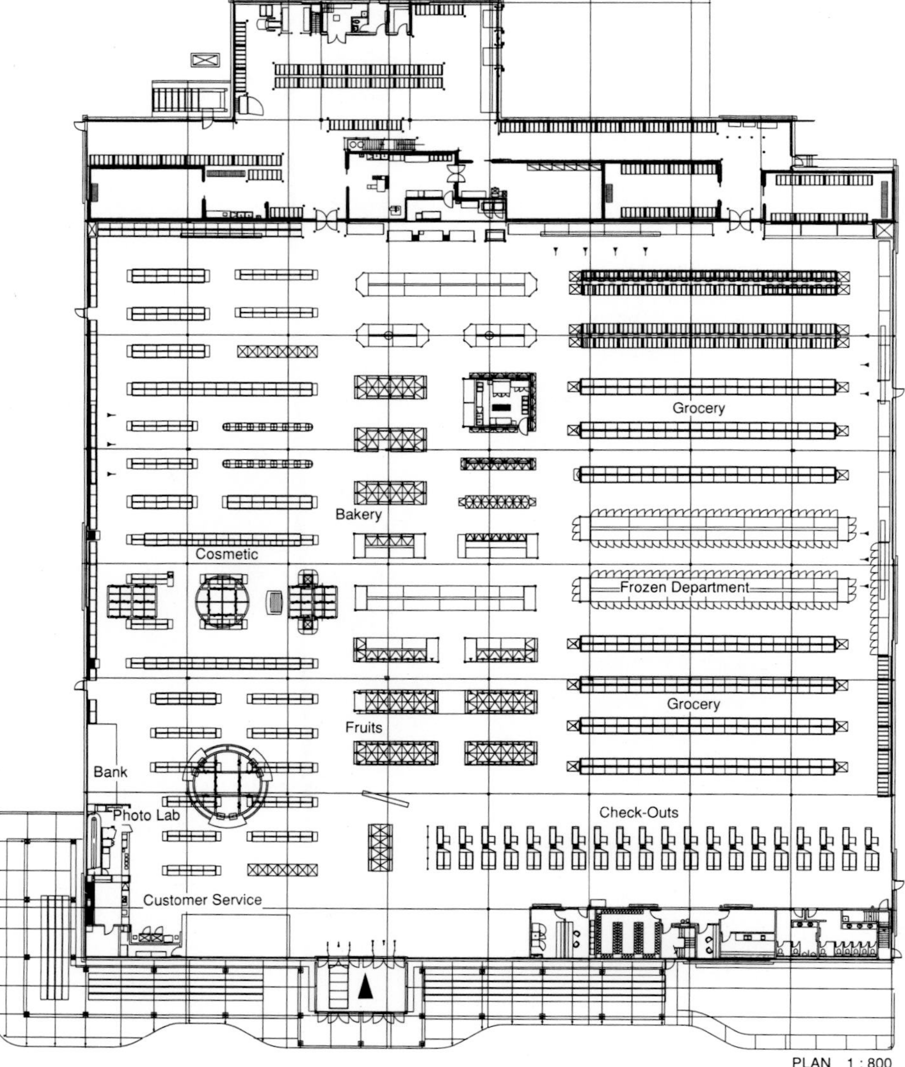

PLAN 1 : 800

4. ベーカリー・プレパレーション＆サービスエリア。箱形のサービスエリアの中に置かれたオーブンから焼きたてのパンが出てくる。ここでは無料のコーヒーもサービスされる
5. フォトラボは2層になっている。1階はサービス受付，2階ではDPE加工の過程が見られる。ガルバリウム鋼板と色彩のコンポジションを用い，このコーナーが遠くからも目立つようデザインされている
6. カスタマーサービスカウンター。ガルバリウム鋼板と明るい色調のプラスチックラミネートによる造形の面白さが顧客をこのカウンターへ誘う。カウンターバックにはタバコのディスプレイ
7. 冷凍食品売り場。波形ガルバリウム鋼板の屋根がややもすると無味乾燥になりがちな冷凍食品売り場に面白みを与える
8. エントランスよりレジ越しに店内を見る

4. Bakery department and service area
5. Photolab
6. Customer service counter
7. Frozen Department
8. Overview of the store from the entrance

プロビゴ アベニュ・ド・パーク店

モントリオール・カナダ
デザイン：パパス・デザイン・スタジオ

PROVIGO, Ave. du Parc

Montreal, Canada
Designer : PAPPAS DESIGN STUDIO

温かく家庭的でありながら都会的な雰囲気の食品スーパー

「プロビゴ・アベニュ・ド・パーク（公園通り）店」は，“スーパーマーケットの新しいデザインコンセプト”を実現するプロトタイプ店として計画された。クライアントがこの店のデザインに要望したことは，“温かく家庭的でありながら，このアベニュ・ド・パーク通り周辺の都会的な雰囲気を併せ持つ”こと。そしてこの“家庭的+都会的”という発想がすなわちスーパーマーケットチェーン・プロビゴの全体的な新しいデザインコンセプトになった。
あふれんばかりの新鮮な野菜や果物が並ぶ生鮮食料品売り場とデリ，ベーカリー，パスタ，鮮魚などの並ぶサービスアイランドは，エントランス付近に置かれ，開口部を通して通りを歩く人々にアピールするよう，また店に入ってきた人がすぐ手に取ることができるようデザインされている。
サービスアイランドの大きなサービスカウンターは，顧客一人一人のリクエストに応じたサービス――肉や惣菜を加工したり，パンを切ったりする――を行うためのものだ。このカウンターは，エントランス近く，メーン動

Provigo Ave du parc store is one of the latest installments of the new prototype supermarket design concept recently developed. Provigo's overall objective was to develop a store design concept which reflects a warm and homey lifestyle design approach yet which has an urban appeal that responds to the neighborhood in which it is located. The abundance of fresh products, prepared food and service is emphasized and is located near the entrance so that they could be visible from the street and shopped immediately upon entry to the store.
Feature product areas include the produce, meat, bakery and pasta departments. One large service counter was developed combining the bake off area, the service

1. エントランスより生鮮食料品売り場を見る。
2. サービスアイランド。上部にはこのアイランドの形状に沿ってカーブした下がり壁が続く。
3. 精肉コーナー。デリ＆パンの置かれたサービスアイランドとひとつながりになっている

1. Central view of product department from the entrance.
2. Service island.
3. Meat aisle in back of service island.

1

2

3

4

線からアクセスしやすい所に戦略的に置かれている。
エントランスには，大きな手描きのイラストパネルがここの天井高を利用して飾られている。このパネルにはさまざまな野菜，果物，食料品とその料理方法のアイデアが描かれ，新鮮なこの店の商品をアピールしている。

〈二谷美和子〉

deli and the service meat counter emphasizing personalized service. This counter is strategically located just off the entrance and within the shopping circuit for ease of accessibillity.

4. 壁面棚。各アイルの端につけられたグースネックランプとサインがビジュアルの面白さを演出している
4. Perimeter aisle treatment

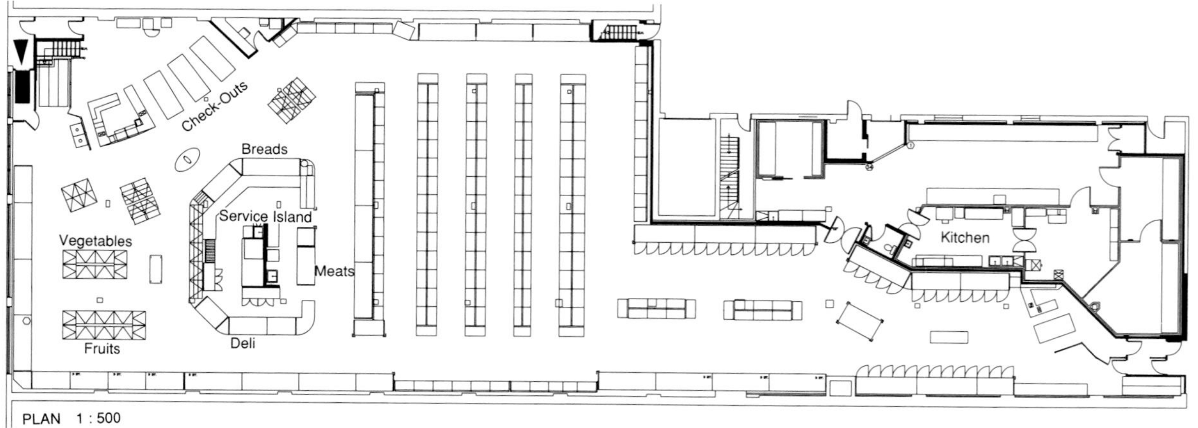

PLAN 1 : 500

FACT SHEET

Provigo, Ave. du Parc
Location : 3421, ave. du Parc, Montreal, Quebec, Canada
Designer : Pappas design studio Inc. Bess Pappas & Susan Reed
Client : Provigo Inc.
Size : 1120㎡
Opening Date : October 1997
Photographer : Yves Lefebvre

フーディーニズ

FOODINIE' S

カリフォルニア・アメリカ
デザイン：デザイン・フォーラム

California, U.S.A.
Designer : DESIGN FORUM

ガソリンスタンドに隣接したアップスケールなディナーを提供するスーパー

帰宅途中，車にガソリンを入れながら，お腹をすかせて待つ子供たちの夕食をどうしようかと思案するのが忙しい現代のアメリカ人の日常である。ガソリンスタンドにコンビニが付いた形は古くからあるものの，このタイプの店の食品は非常に低品質である。近年ハンバーガーなどのファストフード・チェーンと提携するケースも増えたが，この場合も便利ではあるもののヘルシーとは言いがたい。ガソリンを入れるついでにヘルシーで美味しいホーム・ミールがピックアップできたら……。

ガソリンスタンド・チェーンを展開するシェブロン社はそうしたニーズに着目し，HMRを取り入れた新コンセプトのフードサービスをスタートさせた。「フーディーニズ」のネーミングは，脱出の魔術師，フーディーニ氏から採ったもので“調理からの脱出”を意味している。

デザインにまず要求されたのは，隣接するシェブロンガソリンスタンドと差別化するインパクトのある外観で独自のアイデンティティーを確立すること，“アップスケールなディ

Today, even while filling gasoline in their car, many parents worry about dinner preparations. It was Chevron's idea to fulfill such needs with high quality Home Meal Replacement. Foodini's will perform the Houdini's escape from everyday meal preparation.

To set itself apart from other Chevron's stations, an upscale design approach was taken. A restaurant style arched roof was utilized. Exterior checkered patterns carries into the interior as the visual theme.

The interior is warm and bright. In the center, is the aromatic bakery, surrounded by soup, salad, and sandwiches. A "Time to Eat" clock uses a knife and fork for its hands. Daily menus of hot meals are posted. Graphics of cooking utensils add casual humor to the store atmosphere.

1. 黄色い柱と大胆なストアロゴで人目を引くファサード。パラソルとビストロ風テーブルがレストランのような雰囲気を強調している
1. Dynamic logo and bright yellow columns were used for the facade. Parasol umbrellas and Bistro style tables emphasize the restaurant.

1

2

3

4

ナーが買える店”のコンセプトが一目瞭然であることの2点であった。そこで採用されたのがアーチ屋根のレストラン風ファサードである。壁面のチェッカーボード・パターンは店内でもビジュアル・テーマとして繰り返されている。

店内の色彩計画は暖色を主に色調の異なるグリーンをアクセントとして，明るくリズム感のある雰囲気になっている。中央にはベーカリー，焼きたての香りが食欲をそそる。パッケージ入りの惣菜，スープ，サンドイッチなどが並ぶHMRセクションにはナイフとフォークを針にして“今が食べ時”というスローガンをつけた大時計がある。背後に見えるパン焼き用オーブンと調理場も“ホーム・メード”，“出来たて”をアピールする要素である。ホットミールのサービスも行っており，毎日5種類のメニューを用意している。この他クッキング用具のイラストをあしらったグラフィックスなど，ユーモアを添えるディテールが楽しさを演出している。〈春日淑子〉

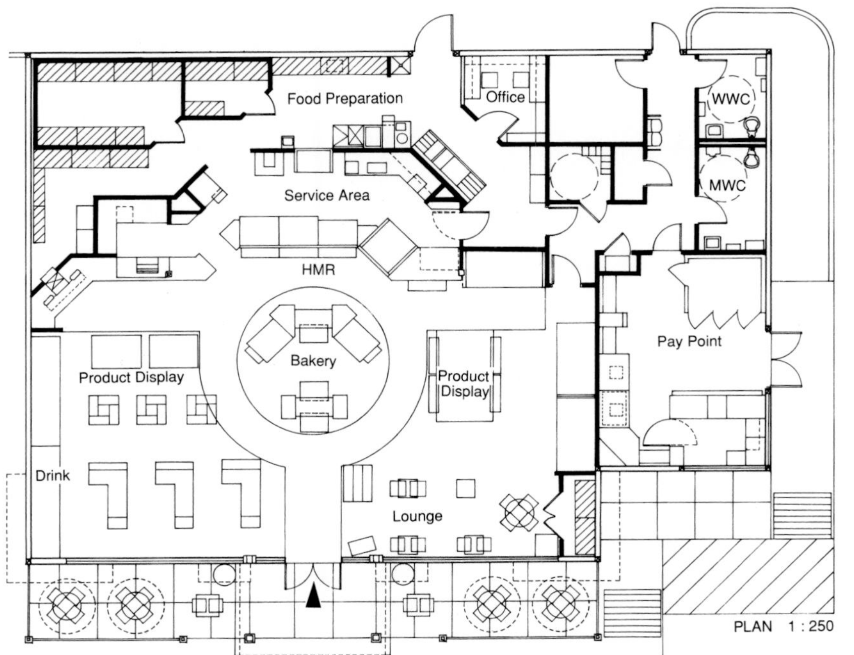

2. ストア中央にあるベーカリー。奥がHMRセクション。ナイフとフォークを針にした大時計がフォーカルポイントとなっている
3. オープン・ディスプレイを採用したドリンクセクション
4. 多種類のパッケージ入り食品を並べたHMRセクション

2. Bakery located in the store center. Home Meal Replacement section in the rear. Utencil clock.
3. Open display at Beverage section.
4. Home Meal Replacement section.

FACT SHEET

Foodinie's
Location : 18050 San Ramon Valley Blvd, San Ramon, California, U.S.A.
Designer : Design Forum
Client : The Chevron Corporation
Size : 390㎡
Opening Date : August 1998
Photographer : Design Forum

フードランド・スーパーマーケット ラハイナ店

ハワイ・アメリカ
デザイン：AMパートナーズ

FOODLAND SUPER MARKET, Lahaina

Hawaii, U.S.A.
Designer : AM PARTNERS

個性を持った田舎風小屋を現代的に再現

ハワイのマウイ島ラハイナにある「フードランド・スーパーマーケット・ラハイナ店」は，“楽しさいっぱいのファミリーマーケット”の2号店。一般買い物客以外に観光客も大勢来る。ファミリーマーケットをハワイではマイカアイと呼ぶ。
インテリアは露天イメージで仕上げてある。長い単調な通路を避け，所々に思いがけないコーナーを設けてある。テナントとして入っているHMRのカマアイナキッチン，コーナーベーカリーは個性を持った田舎風小屋を現代的に再現した。デザインを担当したAMパートナーズ社は多彩な色彩，素材，グラフィック，ライティングをうまく統一しながら，各売り場に個性を持たせた。インテリア素材にはブリキのオウニング，荒削りの木材などを使用し，牧歌的な雰囲気に仕上げてある。新鮮な野菜，果物類はシンプルかつ効果的に運搬用の木製クレート箱に展示されている。各売り場には紅白の日除けを施し，縁日のような気分が味わえる。
客の反応は大変良く，売り上げは前年の2割増しとなっている。単純に食料品の販売を行

Foodland Super Market is located one block from the historic Front Street in Lahaina, Maui. The supermarket services both the tourist as well as the local community. The concept for this chain of supermarkets is that of a "Fun Filled Family Marketplace", which is referred to as the Maikai'i Street Market. The concept of a family marketplace was developed as a response to the markets changing needs. Shoppers today are now searching for the unique individual boutiques that bring a little pleasure to their shopping experience. By creating a marketplace type environment within a supermarket, the shopper is able to experience the pleasure of interacting with the employees, a treat reminiscent of a time since passed. Gone

1. リールキャッチ。釣りのリールと本物（リアル）をもじったシーフードコーナー
2. サンドイッチ，HMRなどが揃っているカマアイナキッチン
3. ディスプレイに木箱，荷車などを使用している

1. Cleverly called the "Reel Catch" Seafood section.
2. Kama Aina Kitchen.
3. Wooden crates and carts are used to display goods.

1

2

3

4

5

6

っていた，今までのスーパーから脱皮した効果は大きい。客足が増えただけでなく，客が店内で費やす時間も長くなった。〈I.M.TAO〉

are the days of long uninterrupted boring aisles. Instead, the customer is greeted with a new fresh environment full of architectural elements that are reminiscent of the marketplace. Each department is detailed to represent an individual tenant within the marketplace. The color, materials, design, graphics and lighting has captured the uniqueness of the area's clientele as well as reinforce the supermarket's sense of community pride and long-lasting association with the area.

4. コーナーベーカリーと中央に設置された煉瓦作りのオーブン
5. カーボーイ・パニオロの肉屋
6. セイ・チーズと名付けられた乳製品コーナー
7. カート上に花がデイスプレイされたフラワーショップ

4. Bakery.
5. Meat section.
6. "Say Cheese" Dairy area.
7. Flower displayed on carts at the Floral section.

7

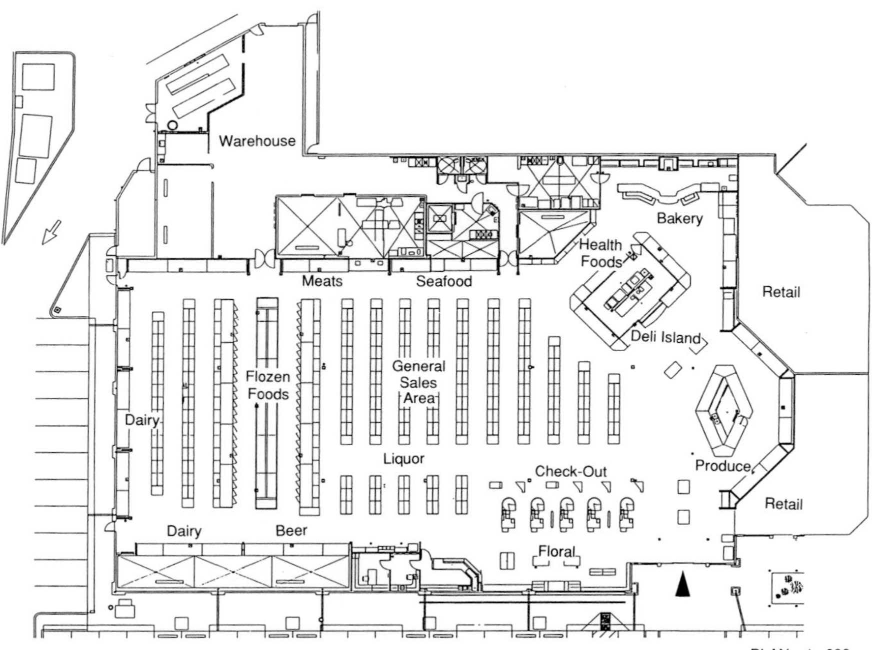

PLAN 1 : 600

FACT SHEET

Foodland Super Market, Lahaina
Location : Old Lahaina Cntr., 845 Wainee St., Lahaina, Maui, Hawaii
Designer : AM Partners
Client : Foodland Supermarket
Opening Date : March, 1999
Size : 2675㎡
Photographer : Augie Salbosa

フードランド・スーパーマーケット エバビーチ店

ハワイ・アメリカ
デザイン：AMパートナーズ

FOODLAND SUPER MARKET, Ewa Beach

Hawai, U.S.A.
Designer : AM PARTNERS

インテリアは昔懐かしいグロッサリーストアをイメージ

ハワイのオアフ島エバビーチ通りにある「フードランド・スーパーマーケット」のモットーは“楽しさいっぱいのファミリーマーケット”。消費者のニーズの変化に対応するため，少しでも日課である買い物に変化を与えようと試みた。
ストアのインテリアは昔懐かしいグロッサリーストアのストアフロントを温かみのあるカラフルな彩りで再現した。各スペシャリティー売り場は田舎風の小屋に見立てた。素材にはブリキのオウニング，荒削りの木材などを使用し，質素な仕上げを狙った。スペシャリティー売り場はシーフード，農産物，デリ，ベーカリーからなる。ショッピングカートを押して歩くと，ちょっと前まで波止場の隅で見かけたような売店がある。新鮮な農産物は木造のクレートに入れ，展示販売されている。全体にファーマーズ・マーケットの雰囲気が出るようにデザインされている。チーズ，干し肉などはハワイ特有の格子細工の吊り天井の下に並べてある。ショーケースの中にはサンドイッチ，HMR類が忙しい買い物客のために用意されてある。ベーカリーでは出来た

Foodland Super Market is located in Ewa Beach, Hawaii. Another example of the concept of a "Fun Filled Family Marketplace", which is referred to as the Maikai'i Street Market.
The building structure consists of CMU walls, glu-lam roof beams and panelized roof deck which comprise the shell structure to which AM Partners has provided an interior tenant improvement that redefines grocery stores in Hawaii. The building materials used, consisted of colorful and textural materials in order to create a warm and homey atmosphere reminiscent of the marketplace of the past. Materials included patterned VCT flooring, rough-sawn lumber entry, panelized wood soffits, corrugated metal awnings, wall

1. カマアイナキッチンではサンドイッチ，HMRなどが用意されている
2. 格子細工の吊り天井が，客に天井の高さを意識させないよう工夫してある
3. コーナーベーカリー中央に設置された煉瓦作りのオーブン

1. Ready to eat meals are prepared at the Kama Aina Kitchen.
2. Latticework hung from the ceiling.
3. Oven in the center of the Corner Bakery.

1

2

3

4

5

6

てのパン，菓子などがバスケットに溢れんばかりにディスプレイされている。パンの香ばしさが煉瓦造りのオーブンから店内全体に漂う。

環境保存の一端として，スカイライトを多数，省エネルギー蛍光灯と併用している。各売り場を強調することにより，買い物客が広い空間の中で迷子にならないよう工夫している。

〈I.M.TAO〉

covering on false columns, structure, produce and liquor trellis, and 3 dimensional signage.

This supermarket has taken bold, new steps towards changing the image of the overall shopping experience of customers. Not only is the project sensitive to its environment, but it also changes the image that people have of supermarkets. Each department stands out within the enormity of the store, which results in a comfortable and personable atmosphere in which the customer is allowed to browse. The overall effect of the supermarket is that of "Fun Filled Family Marketplace", in which customers receive personal attention and enjoy a comfortable atmosphere.

4. サリーズと呼ばれるフルーツと野菜売り場
5. グレープヴァインと称されたワイン売り場
6. キャッシャーから農産物コーナーを見る

4. Fresh fruits and vegetables.
5. Wine section is referred to as the Grape Vine.
6. Checkout area.

Meats
Sea Foods
Frozen Foods
Grocery
Deli
Produce
Check-Out

PLAN 1 : 600

FACT SHEET

Foodland Super Market Ewa Beach
Location : 91-919 Fort Weaver Rd., Ewa Beach, Oahu, Hawaii
Designer : AM Partners
Client : Foodland Supermarket
Opening Date : July 1999
Size : 3318㎡
Photographer : Augie Salbosa

サットン・プレース・グルメ マクリーン店

バージニア・アメリカ
デザイン：マーク・クシアゼウスキー

SUTTON PLACE GOURMET Mclean

Virginia, U.S.A.
Designer : MARK KSIAZEWSKI

顧客を色彩，香り，アクションで魅了するグルメストア

「サットン・プレース・グルメ」は1980年からレストランレベルの高級惣菜，食材，世界各地のグルメフードを扱ってきた，言わばHMRの先駆者である。95年に生鮮食品を扱うヘイデイ・マーケットと合併。その後につくられたバージニア州マクリーン店では，両者の特徴を生かすマーチャンダイジングがなされている。
デザインを担当したサットン・プレース・グルメ社のデザインディレクター，マーク・クシアゼウスキー氏によれば，「顧客を色彩，香り，アクションで魅了すること。それがサットン・プレース・グルメが目指すフード・リテイリング・アプローチ」ということだが，この店でもそのポリシーが見事に実践されている。
まず，高い天井と視線を遮らないシェルフ・デザイン。足を踏み入れた瞬間に豊富な商品群が一度に目に飛び込んでくる仕掛けである。
ストアの中心は生鮮野菜と果実を集めたヘイデイ・マーケット。テントはこのエリアを視覚的に独立させるほか，スクリーンの役目も

Since 1980, Sutton Place Gourmet has provided customers with restaurant level meals and gourmet ingredients from the world. In 1995, it merged with Heidi Market, a fresh food specialist, and developed a unique merchandising strategy.
Mark Ksiazewski, design director says, "Our food-retail approach is to attract customers with colorful display, aroma and action." High ceiling and aisles-less design allow the merchandise to jump into customers view. Centered around Heidi Market where fresh fruits and produce are placed under a tent.

1. ストアの中核，ヘイデイ・マーケット。デリとシーフード売り場側から見る
2. テントの下のエリアは可動式で，マルディグラの頃にはザイデコ・バンドが演奏したり，季節の催しにちなんだ料理教室などさまざまなイベントも実施される
3. エントランス近くに配置されたベーカリー。軽食のとれるテーブルも用意されている

1. Hay Day Market seen from the deli section.
2. Area under the tent is mobile, to accomodate cooking class and live band performances.
3. Bakery located near the entrance with some seating.

1

2

3

4

果たしており，シーズンごとに異なる画像を映し出し，季節感を盛り上げる。もう一つ，冷蔵野菜クレートを引っ張るアンティークのトラクターも，素朴な田舎の市場のコンセプトを強調する要素となっている。また，このエリアは可動式に設計され，バンド演奏や料理教室などのイベントも開催される。

他の売り場はヘイデイ・マーケットを取り囲む形で配置されている。カテゴリーは，メープルボードとカスタムロゴを組み合わせたサインで示してある。これは全体の統一感を出す役割も果たしている。各売り場の色使いは食品にマッチさせ，視覚的独立を図っている。天井から下がったバナーもビジュアルの楽しさと同時に，広大なスペースを区分することを狙ったものである。

薪のオーブンとオープンキッチンのあるデリ，香り高いコーヒーバー。顧客はそのシズル感に誘われて店内を回遊する。デザインの主役はあくまでも食べ物そのものなのである。〈春日淑子〉

The tent acts as a screen and displays different images of the season. An antique tractor reinforces the idea of freshly transported goods. This area is designed to be flexibly mobile.
Cooking classes and live band perform regularly. Other areas are indicated with custom logo on maple planks, giving uniformity to the whole store.
Banners adds visual interest and function as space dividers.

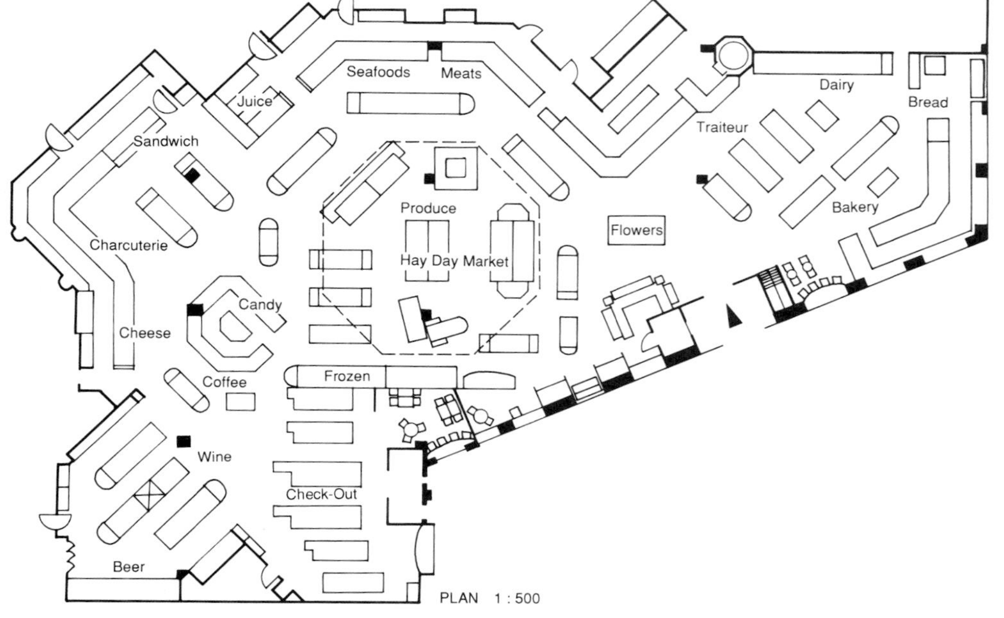

PLAN 1 : 500

4. オープンキッチンと薪のオーブンがあるデリ・セクション

4. Deli section with open kitchen and wood burning oven.

FACT SHEET

Sutton Place Gourmet, Mclean
Location : 6655 Old Dominian Drive, Mclean, Virginia, U.S.A.
Designer : Mark Ksiazewski, Director of Design, Sutton Place Gourmet
Architect : Anderson, Cooper, Georgelas
Client : Sutton Place Gourmet
Size : 1974㎡
Opening Date : November 1996
Photographer : Prakash Patel

ヒストーリッシェ・マルクトケラー

HISTORISCHE MARKTKELLER

ビースバーデン・ドイツ
デザイン：キスラー＆エフゲン

Wiesbaden, Germany
Designer : KISSLER & EFFGEN

ヴォールト天井の歴史的地下市場

ドイツではどんな街でも毎週定期的に「マルクト」(青空市場)が立ち，各都市にはそれぞれ自慢の伝統的な「マルクトハレ」（マーケットホール）がある。しかしビースバーデンのように市場が地下に建設されているのは他に例がない。市庁舎やマルクト教会を背景に，街のショッピングエリアの中核となる大きな広場の地下に1899年，この「ヒストーリッシェ・マルクトケラー」（歴史的地下市場）が建設された。戦後の半世紀は倉庫としてしか使い道がなかったが，100周年を機に修復，改装され再び本来の「マルクト」の性格と機能を取り戻すことができたのである。さらにリニューアル・プロジェクトにはスチールとガラスの透明なパビリオン新築も含まれる。ずっしりと重い地下空間に対してこのカフェバー＆レストラン「ルーメン」はモダンで軽やか。天地を結ぶこのコンプレックスは街の新しいミーティング・ポイントとなった。地下市場は碁盤のように規則的なヴォールト天井が特徴で総煉瓦造りの空間はワインセラーの印象さえ受ける。オリジナルのままに残されたヴォールトの支柱がショッピング空間分

Every town in Germany has a market hall where weekly open air markets are held. It is unusual to see an underground market facility like here in Wiesbaden. The space was built in 1899 under the city square. It was used only as a warehouse since WW2. To commemorate its centennial, the market was resurrected.
An airy restaurant/coffee bar was constructed from steel and glass to act as a conduit for the world above and below.
The market place retained its brick walls and feels like a wine cellar. The original vault ceiling and pillars divide the space into an organized sections. At the top of each vault is a round skylight which brings in daylight and when night falls, the lights from below, gives a spotlight effect glowing from the world below.

1. 果物・野菜コーナー
1. Fruits and Vegetable section

1

CAFFE nero
COLUMBIA
GUATEMALA
MEXICO

3

4

割と構成に重要な役割を果たし，柱間に青果，肉加工品，パン，ワイン，花，コーヒー，香辛料などを扱うスタンド式のスペシャリティーショップが配された。各ヴォールトの頂点に位置する丸い明かり取りにはガラスがはめられ，夜ともなると内側からの間接照明で，地下市場の屋根でもある広場のテラスに光の水玉模様を描き，都市のランドスケープを効果的に演出している。〈小町英恵〉

5

6

7

8

10

9

2. カフェ・コーヒーコーナー
3. ワインコーナー
4. ギリシャ・スペシャリティーコーナー
5. パンコーナー
6. ハーブコーナー
7. フラワーショップ
8. 1階カフェバー
9. 2階バー&レストラン「ルーメン」
10. 1階カフェバー外観

2. Cafe, Coffee Section
3. Wine Section
4. Greece Speciality Section
5. Bakery Section
6. Harb Section
7. Flower Shop
8. Cafe Bar
9. Bar and Restaurant "Lumen"
10. Cafe Bar Facade

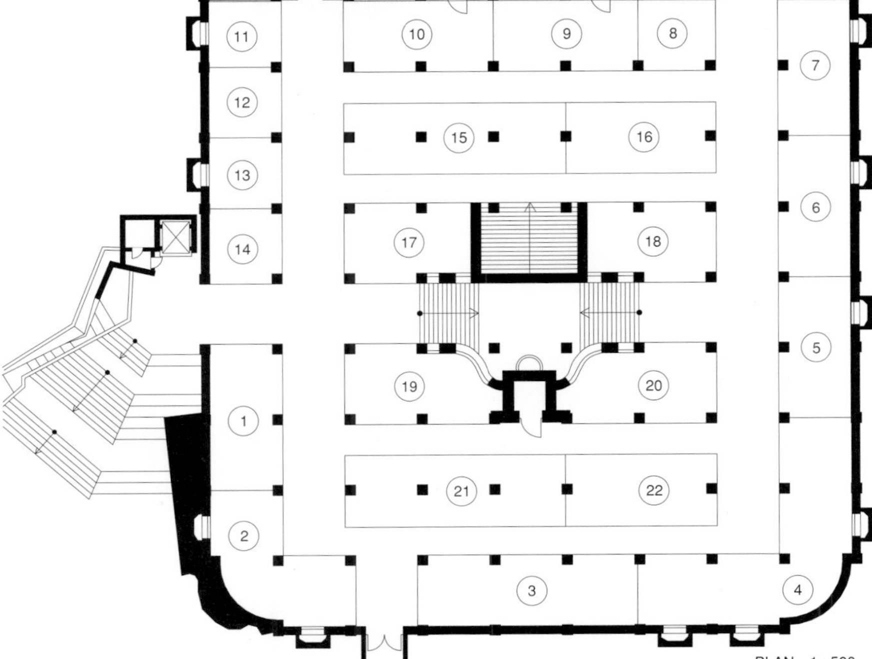

PLAN 1 : 500

①Flower Shop
②Bakery
③Wine
④Greece Speciality
⑤Cheese
⑥Ham&Sausage
⑧Meats
⑫Eco-Bakery
⑬Mediterranean Speciality
⑯Fruits&Vegetables
⑰Deli
⑱Herb
⑲Cafe
⑳Fruits&Vegetables
㉑Persian Speciality
㉒Fruits

FACT SHEET

Historische Marktkeller
Location : Marktplatz, Wiesbaden, Germany
Designer : Kissler & Effgen
Renewal Opening Date : April 1999
Size : 1500㎡
Photographer : Henning Queren

カーデーベー・デパートの フード&デリカテッセン・ホール

ベルリン・ドイツ
デザイン：アーンスティング・パートナーズ

KaDeWe (Kaufhaus des Westens) Food & Delicatessen Hall

Berlin, Germany
Designer : ERNSTING & PARTNER

迷路のようなヨーロッパの街を散策する感覚の食料品売り場

1907年創業という長い歴史と伝統に支えられるデパート「カウフハウス・デス・ベステンス」(「西のデパート」の意)。ベッテンベルク広場に面し通常は略してカーデーベー(KaDeWe) と呼ばれる。1943年米軍機がアトリウムに墜落しほぼ全焼，戦後10年余りかけて再建された。新首都ベルリンにふさわしくと90年代に全館大改装を敢行し，ヨーロッパ最大の食料品売り場，7階のグルメフロアも7000㎡に拡張され，8階にはガラスのドームに覆われたセルフサービス・レストランも増築された。ベルリン観光客必見のフード&デリカテッセン・ホールは見て見られる場，社交の場でもある。全部で3万3000種類もの食品が世界中から集められている。チーズ1800種類，ハム・ソーセージ類が1500種，パンだけでも400種類。改装後は特にワイン部門が大きくなり，シャンパンは140銘柄，ワインは2400銘柄が揃っている。改装にあたっては創業当時の各コーナーごとの食品の素材を反映したアーティスティックな装飾的要素が重視された。迷路のようなヨーロッパの古い街を散策する感覚で移動する途中に商品と

Kaufhous des Westens (KaDeWe), Department of the West, has a long history, established in 1907. The store has gone through a total renovation during '90s. Now, it sports the largest food market in all of Europe. The Gourmet section the the 7th floor alone is over 63,000 sq. ft. A self-service restaurant is added on the 8th floor, covered under a glass dome. It has become a social gathering spot for the Berliners. There are 33,000 various items. 1,800 variety of cheese, 1,500 ham/sausages, 400 breads. Expanded wine area inventories over 140 variety of champagne, and 2,400 wine labels. Recreating old European town was the important design consideration. There are over 30 tasting corners where customers can try more than 50 menu items. It is like visitng a Museum of Food History.

1. ティーコーナー
2. 野菜コーナー
3. 海の幸コーナー

1. Tea Section
2. Vegetable Section
3. Sea Foods Section

1

2

3

4

5

6

7

呼応する飲食コーナーが巧みに配置されている。ソーセージにビールでもキャビアにシャンパンでも，計33カ所の飲食コーナーで買い物しながら美味しいものをその場で味わうことができる。特に好評なのは50種類以上のイタリア前菜が並ぶ新しいブッフェコーナーだ。このフードストアはミュージアムを見学するのと同じくらい時間をとって訪れたい。

〈小町英恵〉

4. スパイスコーナー
5. キャビア＆フォアグラコーナー
6. 精肉コーナー（牛，豚）
7. スパークリングワインコーナー
8. 魚介類缶詰コーナー

4. Spice Section
5. Caviar and Foire Gras Section
6. Meat Section
7. Wine Section
8. Sea Foods Cans Section

8

9

11

10

9. ハム・ソーセージ・スペシャリティーコーナー
10. 8階レストラン
11. デパート外観全景

9. Ham Sausage Section
10. Restaurant at 8 Floor
11. Facade

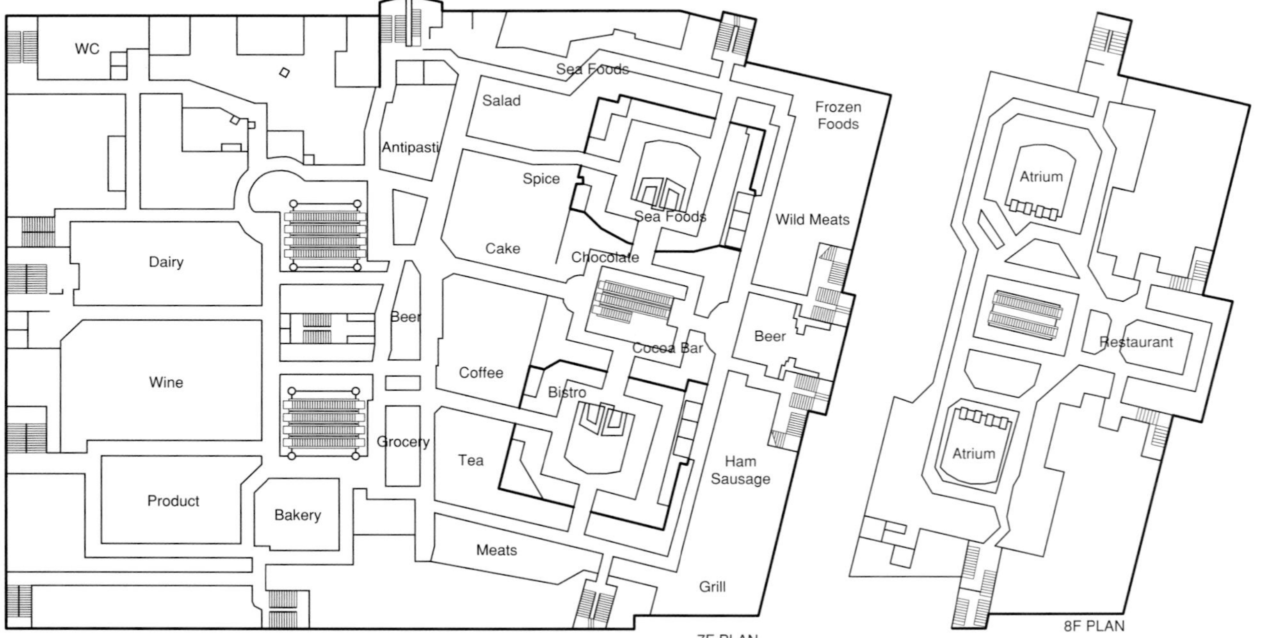

FACT SHEET

KaDeWe (Kaufhaus des Westens)
Location : Tauentzienstrasse 21-24, Berlin, Germany
Designer : Ernsting & Partner
Client : KaDeWe (Kaufhaus des Westens)
Size : 7000㎡
Renewal Opening Date : September 1996
Photographer : Henning Queren

グランド・セントラル・マーケット

ニューヨーク・アメリカ
デザイン：ヒュー・A・ボイド・アーキテクツ

歴史的建造物の中の高級
フード・マーケット

中距離列車，地下鉄，バスの路線が集まり，ニューヨーク随一の交通の要所となっているグランド・セントラル駅。その建物は1913年に建造された華麗なものであるが，最近傷みが激しくなったため，その修復が行われた。同時にリテイル施設も大幅に拡充。毎日この駅を通過する5万人の人々が快適に便利に利用できる駅として生まれ変わった。
この「グランド・セントラル・マーケット」もその一環である。駅建物の東側にエントランスがあり，そこから星座を描いたドーム型の天井と黄金の時計で有名な中央広場に向かって延びる75mに及ぶ新コンコースを利用して作られている。ここに並ぶのは鮮魚，食肉，青果，花，ベーカリー，惣菜，乳製品，チーズ，チョコレート，スパイスなどニューヨークで評判の老舗やグルメストアの出店28店である。
デザインの第一の課題は駅建物が持つクラシックなスタイルを守りながら，現代風なイメージを演出すること。第二の課題は，2層分もある天井と，全面ガラスのエントランスから入り過ぎる日光をどうするかという構造上

GRAND CENTRAL MARKET

New York, U.S.A.
Designer : HUGH A. BOYD, ARCHITECTS

A high-scale market in the New York City Grand Central Station. Built in 1913, over 50,000 passengers go through this historical building daily. Grand Central Market was part of the renovation. There are 28 various gourmet stores laid under the horoscope dome leading to the central plaza with the famed gold clock.
Designers had to solve two problems. The first was how to modernize in harmony with the surrounding classic decor; and second was to incorporate the high domed skylights and control the overabundance of natural light. The Bakery and Flower shop were placed near the entrance. Umbrellas were set to create shade for the perishable food. They also succeeded in creating an outdoor market atmosphere. The artistic, abstract olive shaped chandellier acts as the visual icon for the food market.

1. グランド・セントラル駅東側のファサード
2. 駅構内側のエントランスから見たマーケット

1. East Side Facade
2. View from Station Precinct Entrance to Market.

1

2

GREENWICH PRODUCE

の問題であった。デザイナーはまず，比較的商品が腐りにくいフラワーショップやベーカリーを入り口近くに持ってくるなど，レイアウト面に工夫を施した。そして，食品に直射日光が当たるのを防ぐためにパラソルが必要だと判断し，それをスペース全体のモチーフとすることを決めた。これは高すぎる天井からくる威圧的な雰囲気を和らげ，個々のショップを視覚的に独立させることにも役立っている。全体としてモダンな青空市場といった雰囲気が漂うのもそのせいある。
ビジュアル面の核はエントランスに吊ったアート・シャンデリア。アーティストによる，オリーブの木を模した有機的な造形に5000個ものクリスタルを飾ったダイナミックなもので，歴史的建造物の中の高級フード・マーケットにふさわしい格調高い印象を与えている。〈春日淑子〉

4

3. アーティスト，ドナルド・リプスキの制作によるシャンデリアのある東側エントランス
4. シャンデリアの下の青果コーナー
5. 各売り場にはパラソルを付けて独立させ，モダンな青空売り場を演出
6. 世界各国からあらゆる香辛料を取り寄せた「アドリアナス・キャラバン」やチョコレートの老舗「ライラック」などグルメ色を盛り上げる

3. Donald Lipski's chandellier by the entrance
4. Produce Section
5. Meats and Dairy Section
6. Cheese and Spice Section

FACT SHEET

Grand Central Market
Location : Grand Central Terminal, New York, U.S.A.
Designer : Hugh A. Boyd, Architects
Client : Metropolitan Transportation Authority
Size : 896㎡ (Leasible Area 4924 ㎡)
Opening Date : November 1999
Photographer : Robert Benson

3

5

6

ル・ボン・マルシェ

LE BON MARCHE

パリ・フランス
デザイン：ル・ボン・マルシェ・デザイン部

Paris, France
Designer : LE BON MARCHE DESIGN DEVISION

アールデコ調のデパートの食料品売り場

パリの老舗デパート「ル・ボン・マルシェ」の食料品売り場がリニューアルされた。1923年につくられたアールデコ調のファサードの一部も同時に改装され，内部と外部が一体となってこれまでの保守的なパリのエピスリー（食料品店）にはなかった新鮮な空間を演出することに成功した。
高さ5m余りの天井は，空調用ダクトや梁がむきだしのまま真っ白くペイントされ，まるで巨大な倉庫をそのまま改装したかのように何本もの太いコンクリート柱が立ち並ぶ。天井より吊されたアンティーク調照明とハロゲンライトによる均一な光が空間を満たし，計算された演色効果で明るく清潔な雰囲気を醸し出している。天井までガラス張りのエントランスホールにはふんだんに自然光が降り注ぎ，バック通りとセーブル通りに面してそれぞれ大きく開かれた窓から入る間接光も心地よい。透明性や明るさによって外部と内部の境界が曖昧になり，人の動線はごく自然に外から内へ，また内から外へと導かれる。空間の自由度が増し移動が快適になる。
2700m²の巨大な空間は隅々まで無駄なく食料

The Food Market area of historical Le Bon Marche department store in Paris since 1923, has gone through a renovation. Warehouse style construction sports a 15 foot high ceiling with exposed airducts and pillars. Antique style halogen lamps illuminate the premise bright and evenly. Large glass facade and windows bring in natural light from the outside.
The 24,000 sq. ft. interior is stocked full of products. Fresh seafood is shipped in from local fisheries and displayed in ice. Customer service provides unlimited tips on cheese and wine. Delivery is available and shoppers can pay at home, eleminating waiting in line. Le Bon Marche succeeded in combining suburban style abundance with the friendly service of a neighborhood store.

1. ハム・ソーセージコーナー
1. Ham Sausage Section

1

2

3

4

5

6

7

8

品で埋め尽くされ，各コーナーごとにさまざまな演出で客を魅了する。氷の中に埋められた新鮮な魚介類は毎朝市場より直送され，数え切れないほどのワインやチーズは，サービス係がその日の客の食事に合わせて適切なアドバイスをしてくれる。会計時の混雑を緩和するために，レジでの支払いではなく配送サービス時の支払いも金額の多少によらずできる。郊外型のハイパーマーケットの合理性，小売店の親しみやすさと良質なサービスを同時に提供することに成功したと言える。
「ボリューム」「空間」「光」「透明性」といった建築，そしてデザインコンセプトはもちろんであるが，ここフランスでの「サービス」の新たな提案においてもこの「ル・ボン・マルシェ」の食料品売り場の試みは興味深い。

〈小笠原尚司〉

---

2. 果物コーナー
3. ワインコーナーと果物コーナーを見る
4. チーズコーナー
5. パンコーナー
6. パンコーナー
7. パンスタンドとワインコーナーを見る
8. 紅茶コーナー
9. ジャムコーナー

2. Fruits Section
3. Wine and Fruits Section
4. Cheese Section
5. Bakery Section
6. Bakery Section
7. Bakery Stand and Wine Section
8. Tea Section
9. Jam Section

9

10

11

12

13

14

10. 鮮魚コーナー
11. 果物コーナー
12. スパイスコーナー
13. ワインコーナー
14. デパートの外観

10. Sea Foods Section
11. Fruits Section
12. Spice Section
13. Wine Section
14. Facade

FACT SHEET

Le Bon Marche
Location : 38,Rue De Sevres. 75007. Paris , France
Designer : Le Bon Marche Design Devision
Client : Le Bon Marche
Size : 2700㎡
Photographer : Hisashi Ogasahara

ショピ

サン・ジャン・デ・ルッツ，フランス
デザイン：フィッチ

SHOPI

Saint-Jean-de-Luz, France
Designer : FITCH

都市型のライフスタイルを満足させる新しいコンビニエンスストア

「ショピ」は，ヨーロッパ最大のスーパーマーケット・チェーンを展開するプロモーズ社が1998年から新しくスタートさせたコンビニエンスストア・フォーマットである。その狙いは，都市型のライフスタイルとニーズを満足させる新しい形のコンビニエンスストアを展開することにあった。そのコンセプトの神髄は，新鮮，敏速，親しみやすさにある。この三大要素の表現がデザインのカギであった。

デザイン担当はイギリスのフィッチ社。コンビニはイギリスでこそ普及しているが，ショピ第1号店が置かれるフランスの消費者にはあまり馴染みのないリテイル形態である。フィッチ社ではこの点を踏まえ，近所にあるという距離的便利さに加え，顧客の身になった品揃えと店舗環境からくる便利さを強調することで，コンビニという概念を消費者にアピールすることに努めた。

コンビニとしては珍しく店内を区分けしたのも，顧客にとっての使い勝手の良さを向上させる工夫である。青果やシーズン商品を置くメーンエリア，ベーカリー，惣菜エリア，ワ

Shopi is a convenience store format chain started in '98, operated by Promodes, a major supermarket operator. Three most important factors in convenience stores are: Swiftness, freshness and user friendliness. Concept of a neighborhood convenience store is rather new in France. Consumer education became an important consideration. Store is divided into four main areas: Produce, HMR/bakery, Wine and Bath Products. Illumination changes in each area, resulting in different and distinct atmosphere, allowing easier search for customers. Four color codes are used to facilitate shoppers: Green for organic/health products; Orange for new gadgets; Yellow for time-saver goods; and Red for Self Improvement products.

1. ショピ外観
2. 青果シェルフ

1. Facade
2. Produce Section

1

Haricot
Vert
1kg 15F90

インエリア，トイレタリーエリアの五つに分けて構成しており，しかも，各エリアの照明，材料，色彩，装飾に変化をつけ，それぞれに特色ある雰囲気を演出している。顧客にとっては目的のコーナーを見つけやすいし，また，気分も変わって面白く買い物ができるという仕組みである。

さらに，四つのカラーシンボルを設定し，コーナーの特徴が一目で分かるようにした。例えば，赤は贅沢を意味し，バス製品など豊かな気分を与えてくれるコーナーに，緑はヘルシーを意味し，オーガニック野菜や健康食品などのコーナーに使われる。オレンジは新製品や新コンセプト商品，黄色は時間の節約を可能にする商品を示している。現代的かつ軽快な全体のイメージも目新しいコンビニ体験を魅力的に盛り上げている。〈春日淑子〉

3. 青果エリアからキャッシャーを見る
4. ワイン・エリア

3. Cashier
4. Wine Section

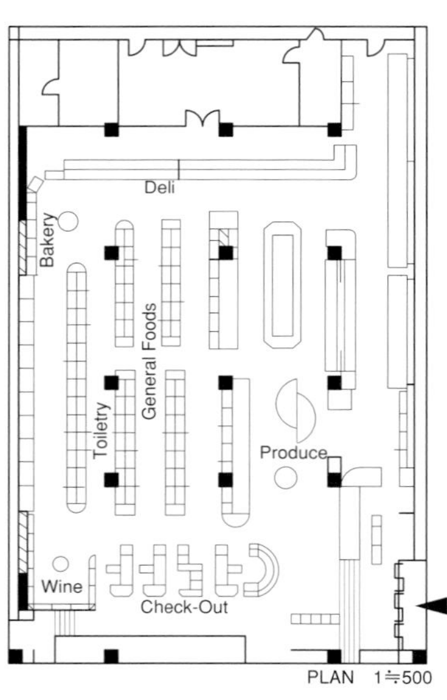

PLAN 1≒500

FACT SHEET

Shopi
Location : 87, rue Gambetta, Saint-Jean-de-Luz 64500 France
Design : FITCH U.K.
Client : Promodes
Opening Date : June 1998
Size : 600㎡
Photographer : Chris Gascoigne

マンゴ

MANGO

ランド・スウェーデン
デザイン：フィッチ

Lund, Sweden
Designer : FITCH

ガソリンスタンド系のアップスケールのフード・コンビニエンスストア

ガソリンのマージンが少なくなった近年のヨーロッパでは，ガソリンスタンドがコンビニなどの副業に力を入れるケースが目立つ。
ノルウェーのガソリンスタンド・チェーン，スタトイル社が1998年からスタートさせたニューコンセプト・コンビニエンスストア「マンゴ」もそうした努力の1例である。
スタトイル社は，日常生活を少しでも簡便にしたいという消費者のニーズがますます高まっていることに注目し，それに対応する新フォーマットのデザインをフィッチ社に依頼した。コンセプトは“未来のネーバーフッド・ストア”。つまり，給油のついでに食料品や日用品のショッピングができる便利さはもちろんだが，車でなくても利用したいと思わせる魅力的なストアということである。
フィッチ社では早速消費者調査を実施したが，その結果分かったのはガソリンスタンド系フード・リテイルについて一般の評価が非常に低いということであった。つまり，コンビニは鮮度，バラエティー，価格の点でスーパーマーケットに劣ると考えられているのである。こうした背景からフィッチ社は，新ス

In Europe, gasoline stations are adding convenience stores to increase profit margin. In 1998, Stat Oil of Norway consigned Fitch Design to build a futuristic "neighborhood store". Research showed, consumer considers convenience store to lack variety, freshness and price competitiveness as compared to existing supermarkets. Therefore, it was important to give the store a separate identity from the attached gas station. Mango is larger than an average convenience store and offers not only fresh produce and grocey but also flower, pahrmacy and laundry services. Abundant use of wood and tile upscales the store to a modern deli.

1. テイクアウト・ホットフード・カウンター
1. Take-out, Hot Foods Counter

1

2

3

4

5

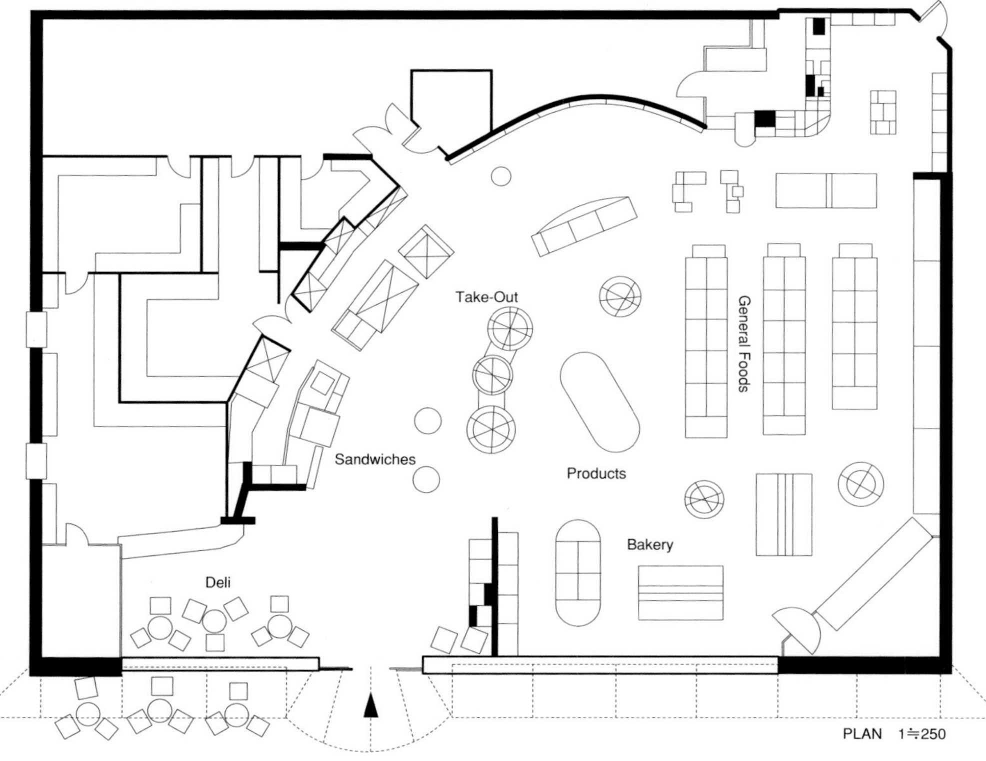

PLAN 1≒250

トアのアイデンティティーをガソリンスタンドから切り離し，フード・リテイル・ブランドとして独立した評価を築けるようにすべきだと判断した。
その第一歩は「マンゴ」という独自のネーミングである。さらに視覚的インパクトの強いファサードで，ガソリンスタンドの隣にある別な店という印象に仕上げることとした。ストア・フォーマットは通常のガソリンスタンド系コンビニより一回り大きく，生鮮食品，テイクアウト・フード，生花，薬品，クリーニングサービスなどを扱う。商品の質やバラエティーを充実させているのはもちろんである。インテリアも木やタイルを多用し，現代風デリカテッセンといった趣きで，“アップスケール・フードのコンビニエンスストア”という新コンセプトを巧みに表現するものとなっている。〈春日淑子〉

2. サンドイッチ・カウンター
3. 青果ディスプレイ
4. パン売り場
5. デリ・カウンター

2. Sandwich Section
3. Fruits Section
4. Bakery Section
5. Deli Counter

FACT SHEET

Mango
Location : Lund, Sweden
Design : Fitch U.K.
Client : Statoil
Opening Date : February 1998
Size : 350m²
Photographe : Chris Gascoigne

カルガリーCO-OP ハンプトン店

アルバータ・カナダ
デザイン：キング・デザイン・インターナショナル

CALGARY CO-OP Hampton

Alberta, Canada
Designer : KING DESIGN INTERNATIONAL

広い屋根の下にアウトドア感覚で商店街に見立てたスーパーマーケット

最近の傾向として，郊外型スーパーマーケットはどんどん巨大化している。大きな倉庫形式の建物にありとあらゆる商品を用意し，客が一度で必要な買い物がすべて済ませられるよう（ワンストップ・ショッピング式）に考慮されている。「カルガリーCO-OP」では単純に陳列棚を並べるのではなく，広い屋根の下にアウトドア感覚で商店街に見立てたセクションを並べている。各セクションには個性あるアイデンティティーあふれるブースを建てた。
柱のない，アーチ式屋根の中央部分には長いスカイライトが埋め込まれた。この手の大型倉庫式マーケットでは電気料金の大幅節約になるので，よく使用されるようになった。肉屋，デリ，ベーカーリーなど各セクションには，芝居の大道具とも思われるブースが建っている。室内なので，実際には必要性のないキャノピーを取り付け，他の売り場と分けてある。ブースがないセクションは，天井から大きなリボン風バナーが吊り下げてある。通路も普通以上に広く取ってあり，アウトドアのイメージづくりに一役買っている。野菜，

Once in awhile a store comes along that is so outstanding that it just demands attention. The Calgary Co-op - Hampton Centre is a good example. With its towering structures in each department and sense of airiness built into the overall ambience, this store wins customers over with its design and quality decor.
With large skylights which runs the length of the whole market and individual storelike structures, it is as though an outdoor open air market has been brought under a truss structured roof.

1. ブティックのようなブッチャー（肉屋）
2. タワー付きのデリ・セクション

1. Boutique-like Butcher.
2. Deli section has its own tower.

1

DELI
DELI

3

4

5

6

7

果物セクションの壁には，農園の風景が1940年代風のタッチで描かれている。乳製品セクションには，これまた分かりやすく，乳牛が描かれてある。

これほど物が豊富な社会になると，単に品物の種類がたくさんあるだけでは固定客が得られない。個性を持ち，客が楽しみながらショッピングができる環境を与えるのも，営業的に重要な要素である。〈I.M.TAO〉

3. 乳牛が客を迎える，乳製品コーナー
4. アウトドアを思わせる，広い通路。大きなバナーが吊り下げてある
5. ブッチャーから乳製品コーナーを見る
6. ベーカリーでは毎日2回パンが焼かれる
7. 野菜，果物セクションには，40年代風の農園の風景が描かれてある

3. Cows greet customers in the dairy section.
4. Large ribbon-like banners hang from the high ceiling.
5. Butcher case.
6. Bakery shop.
7. Fresh fruit & vegetable section is decorated with a farm scene.

FACT SHEET

Calgary Co-op, Hampton
Location : Hampton Center, Calgary, Alberta, Canada
Designer : King Design International
Client : Calgary Co-operative Association Ltd. Co.
Opening Date : August 1998
Size : 4185㎡
Photographer : Lemermeyer Photography

レバノンCO-OPフードストア

LEBANON CO-OP FOODSTORE

ニューハンプシャー・アメリカ
デザイン：アローストリート

New Hampshire, U.S.A.
Designer : ARROWSTREET

**環境に優しいコープ方式の
スーパーマーケット**

「レバノンCO-OPフードストア」は東海岸，アイビーリーグに属するダートマス大学近辺に位置する。若きエリートが買い物に来るこのマーケットプレースはコープ方式の経営方針をとる。コープ方式とは周りに住む住民の意見を重要視し，皆が共同で考え，意見交換し共存するやり方である。清掃，衛生保持なども住民がボランティアに近い働きをする。商品もニーズに合ったものが支給される。どこで買っても同じインスタント食品よりも，地域性に富んだ品揃えを好む。
そこで，デザイナーに要求されたのは，環境に優しい『グリーン・デザイン』である。外観は19世紀のニューイングランドの片田舎風に建てられた。周辺の木々はそのままに保たれ，駐車場をいくつにも分けられ，その間をドライブウエーがゆるやかにカーブしている。田舎の雰囲気を保つため，石の城壁，森などは保存された。八角形のキューボラ屋根は当時のシェーカー建築からヒントを得た。屋根付き通路も時代の名残りである。市の協力などがありレンガ，木材，亜鉛鉄板などはリサイクル可能な素材が主に使用された。多く

The Centerra Marketplace is a new village shopping center in Lebanon, New Hampshier. The center - directly off the major state route which connects the nearby Interstate 89 to Dartmouth College is a shopping center development intended to activate an adjacent business/industrial park by creating an around-the-clock retail, dining, and hospitality destination. In addition to a cooperative supermarket, the center also includes an Asian-style bistro, a bank, a boutique selling upscale children's merchandise and clothing, and is adjacent to a residence inn. The architects were challenged to create an intimate shopping center that would fit seamlessly into the surrounding New England landscape, serve as a community gathering place, and demonstrate the principles of environmentally-conscious design. Also

1. １９世紀，ニューイングランドの片田舎風に建てられた全景
2. シェーカー建築の八角形のキューボラ

1. Front entrance. The center evokes 19th century New England farm village.
2. Under the Shaker-inspired cupola.

1

Shop
OCTOBER FEST

3

4

5

のスカイライトと窓のおかげで，年間の電気料金は一般のマーケットと比較し，5万5000ドルの節約になった。さらに，冷蔵庫から放出される熱をリサイクルし，室内の暖房に回している。柱などインテリアに多数，裸木を使用して天窓からみえる樹木と一体になるように工夫された。
料理教室以外に，環境汚染，環境保護などのクラスを設け『グリーン・デザイン』を広く，一般の人たちに理解してもらうよう努力している。これからの消費者が無駄を減らし，長期的な環境保存に目覚めることを目指す新しい思考目的を持ったマーケットである。

〈I.M.TAO〉

important to the developer was a center that would upgrade and enhance the quality of the built environment in the community around the campus.
The clients, particularly the Food Co-op, were very interested in employing environmentally-conscious, 'green' design principles. The most significant energy-saving element in the Co-op Food Store is the skylights. It is anticipated that the market will save $55,000 a year in energy costs compared to a standard grocery store. Heat from refrigeration units are also recycled for store heating needs. The open views through the many skylights and the tree-like structure of the post trusses also reinforce the connection between the inside of the market and the outside environment.

6

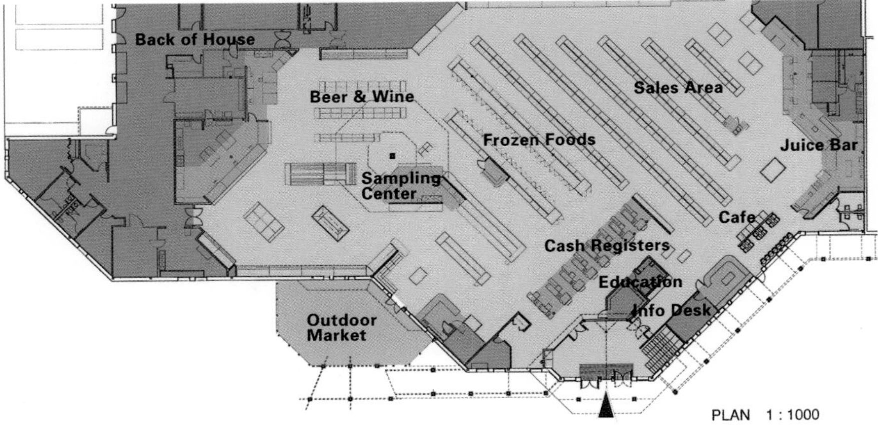

PLAN 1 : 1000

3. 高い吹き抜け天井にすっきりしたインテリア
4. 入り口まわり
5. リサイクルされた柱，鉄骨，レンガを多数利用している
6. 裏手に位置してる園芸エリア

3. Uncluttered interior.
4. Entryway.
5. Many recycled wood trusses, steel stud framing, concrete, etc were used.
6. Bench in front of Garden Supply area.

FACT SHEET

Lebanon CO-OP Foodstore
Location : Centerra Marketplace, Lebanon, New Hampshire, U.S.A.
Design : Arrowstreet Inc.
Client : Dartmouth College Real Estate Inc.
Size : 5115㎡
Photographer : Robert E. Mikrut

Mプライス　インスブルック店

MPREIS, Innsbruck

インスブルック・オーストリア
デザイン：トーマス・モーザー，ベルナー・クレオン

Innsbruck, Austria
Designer : THOMAS MOSER, WERNER KLEON

デザインコンセプトは
シンプルなマーケット・ホール

オーストリアのチロル地方には約100店舗のMプライス・スーパーマーケットがあるが，このインスブルック店ほどスペクタクルなロケーションの店はない。インスブルック空港のセンターラインからほんの60mの距離をおいて，滑走路に平行に建つ。切り立った岩壁の形状や市街地に続く山の斜面が商品のディスプレイ用のまたとない背景を提供してくれている。「スーパーでの買い物をエンターテインメント化してくれるのはこの特殊な場所，周囲の環境でしかない」と，デザイナーは空港という人工の施設と自然風景とを売り場空間に常に存在させた。「シンプルなマーケット・ホール」が建築デザインのコンセプトで，インテリア，エクステリアとも色調も抑えできるだけニュートラルに仕上げた。マテリアルは意識的に石やレンガのナチュラル感を避け，人工的なチップボード，コンクリート，ガラスを選んだ。支柱もなく面のみで構成された空間である。日が暮れてくると空港のセキュリティーライトのショーが店内の客の目に入り，生活用品の買い物という日常的な行動にドラマチック性を与えてくれる。

There are over 100 M Preis stores in Austria. None is at spectacular as this store at the Insbruck Airport. Here, cliff and city scape provide a dramatic natural background. The store is only 200 feet from the main runway. Not to compete with the scenery the architecture was kept simple and neutral. Purposely, manmade materials shch as chip board, concrete, glass were used for the building. The space is composed from planes only, without columns. The store is raised 5 feet off the ground. Night light brings the store out as though it is on a pedestal, adding more drama to the shoppers.

1. 雪のアルプスを背景にフィッシャーハウス通りから見た昼の外観
2. フィッシャーハウス通りから見た夜の外観
3. エントランスまわり。ファザードを通して「バゲット」カフェコーナーが見える

1. Facade at Day View
2. Facade at Night View
3. Entrance

1

2

3

4

5

客にとっては自然に感じられるこの情景も実際にはデザインされたもの。というのも客の目の高さで見えるように建物の土台を約1.5m高くしてあるからだ。「Mプライス」ではランドスケープがいつもデザインの最重要テーマとなっているが，それにはローコストという現実問題もある。またオーストリアではスーパーマーケット建設に関する法律が非常に厳しく，販売面積1㎡ごとの商品量まで規定があるほどで，米国のように造形要素に空間を使う余裕がなく，機能を優先するしかない。こういったネガティブな前提条件が逆にMプライスにしかない商環境ランゲージを生み出す結果になったと言えよう。〈小町英恵〉

In Austria, the building code for supermarket is very strict. Unlike in the USA, Austria even regulates the number of merchandise per square foot, therefore the designers could not "play" with the space. Maximum use of environmental resources resulted in a unique solution.

4. 店内奥のポテトチップ，スナック菓子コーナーを空港サイドから見る
5. 精肉，ハム＆ソーセージ，チーズコーナーを見る
6. 空港側ファサードを通して外から売り場を見る

4. Snack Cakes Section
5. Meat, Ham & Sausage, Cheese Section
6. Airport Side Window

6

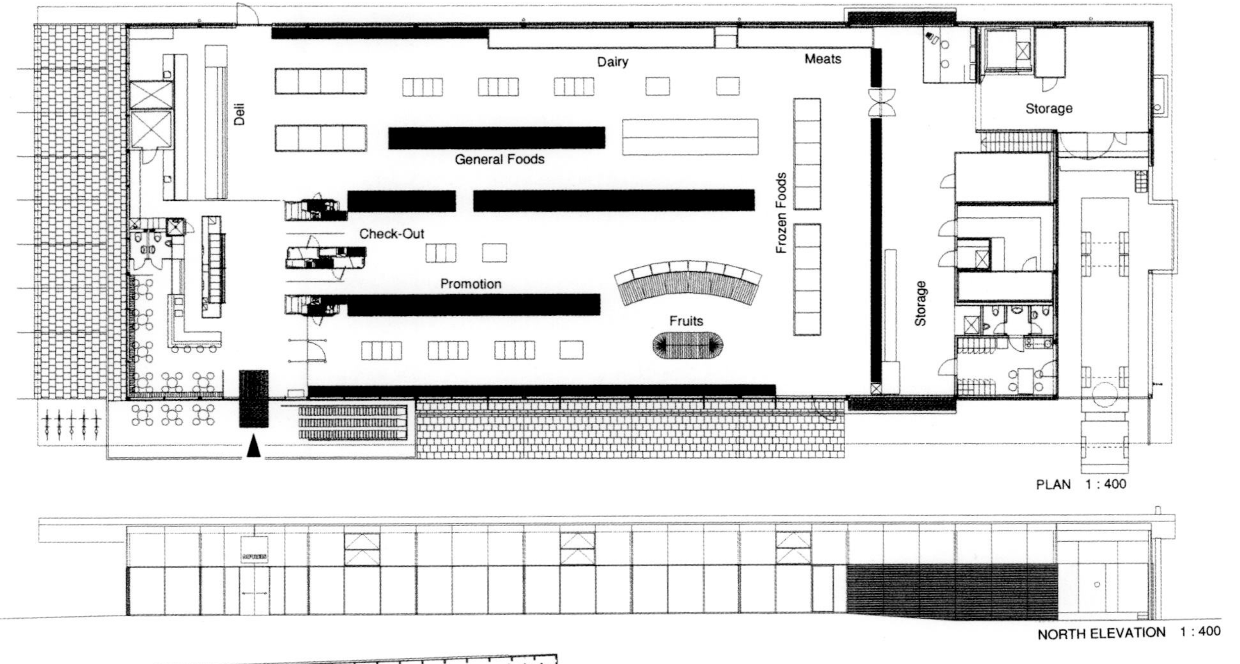

PLAN 1 : 400

NORTH ELEVATION 1 : 400

SECTION 1 : 400

FACT SHEET

MPreis Innsbruck
Location : Fischerhauslweg 31, Innsbruck, Austria
Designer : Thomas Moser, Werner Kleon
Client : MPreis
Opening Date : November 1999
Size : 1400㎡ (Shop900㎡)
Photographer : Nikolaus Schletterer

Mプライス　シュタイナッハ店

シュタイナッハ・オーストリア
デザイン：ヘルムート・ライター

MPREIS Steinach

Steinach, Austria
Designer : HELMUT REITTER

自然と一体化したスーパーマーケット

アルプスの山麓で自然と一体化するスーパーマーケット。オーストリアのチロル地方で代々受け継がれてきたMプライスは「食料品だけでなく地方に国際レベルの建築デザインを提供する店」という異色のコーポレート・アイデンティティーを掲げる。数年前から地元の新進建築デザイナーを起用して，一店ごとにデザインを変えてその土地その土地の風土や文化と調和する買い物空間新設のプロジェクトを進めてきたが，このシュタイナッハ店は1999年オーストリアで名誉ある建築賞に輝いた例である。オーストリアとイタリアの国境，南欧と北欧を結ぶ交通の要でもあるブレンナー峠を背景にしている。店内はパースペクティブを強調した空間づくりで大量の商品に心理的に圧倒されてしまいそうな雰囲気とのバランスを保っている。エントランスのある建物の北側は天井の高さが5mだが，倉庫やオフィスのある南側は2.8mと次第に低くなる。また北側の床は地上と同じ高さにあるのだが，南側は1m丘陵に潜った状態になる。この建築的イリュージョンの効果で客は店内に入っていくとまるで空間に吸い込まれるよ

MPreis is famous for developing very high quality architectural design using contemporary, local architects. Each store reflects the local culture and flavor. Located on the border with Italy, this store won '99 Austrian designer's award. Enphasis on the clever use of perspective avoids the customers from being overwhelmed by merchandise. It starts with a 15 foot high entrance and works itself to a lower 9 foot rear. Also, the lower end is dug semi-underground into the hillside. This illusion draws patrons into the whole space. MPreis normally prefers metallic construction material, but with the local carpenters' co-operation, dynamic wooden ceiling with 40 foot span was created at the same cost. The walls and ceiling were constructed in only 10 days.

1. エントランスのある北側ファサード。張り出した木の屋根が特徴
2. 1m地に潜ったかたちの南側ファサード
3. エントランス側から見た夜景

1. North Facade
2. South Facade
3. Facade at Night View

1

2

3

うな不思議な感覚に襲われてしまう。Mプライスでは普通はコストの関係で建材は安価なメタルが定番だが，ここでは地元の大工の協力を得，ダイナミックな屋根（1300m²，3層構造でスパン13m）にメタルと同じ価格で木材を使うことができた。全工期は10週間だが，木の壁と屋根はたった10日間で仕上がったという。西側ファサードの木の壁は削りとられた大きなMプライスの文字が印象的だ。そして太陽の角度によってこの文字は刻々と姿を変え，光と影の妙技を見せてくれるのである。

〈小町英恵〉

There is a large MPreis logo sculpted on the western facade, which changes its appearance as the sun moves in the afternoon.

4. エントランスの左手，キャッシャーの向かい側にあるフレッシュ・ベーカリー「BAGUETTE」
5. デリコーナー

4. Bakery "BAGUETTE"
5. Deli Section

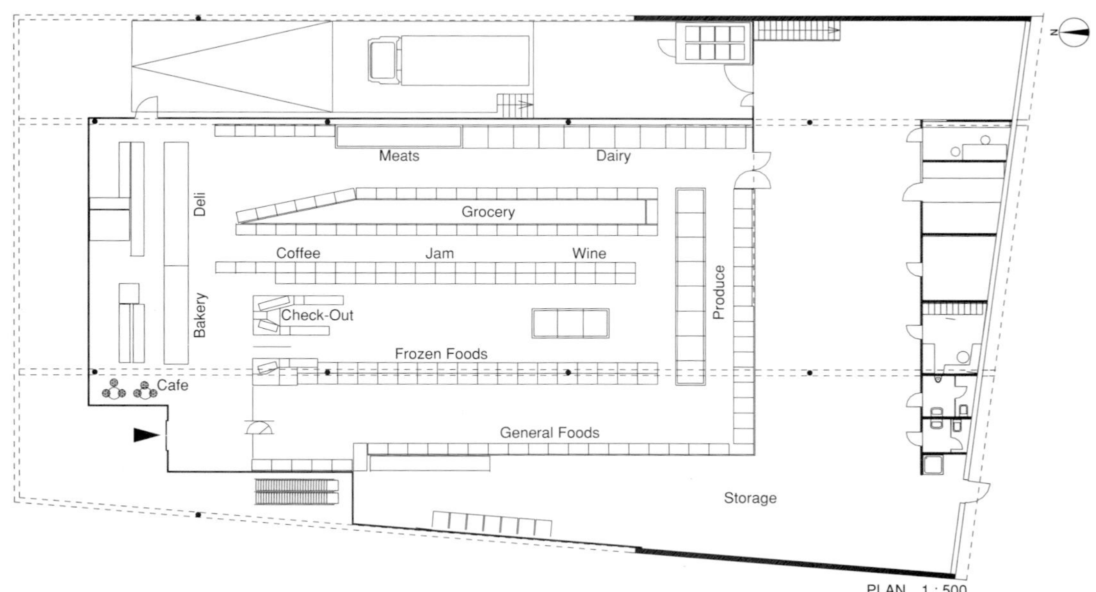

PLAN 1 : 500

FACT SHEET

MPreis Steinach
Location : Steinach am Brenner, Austria
Client : Hans Joerg Moelk/MPreis
Designer : Helmut Reitter
Size : 1000㎡ (Shop500㎡)
Opening Date : March 1998
Photographer : N.Schletterer, N. Dobrowolski

SPECIALTY FOOD STORES

12°

ケルン・ドイツ
デザイン：ルッツ・デウンシング

ワイン棚などすべてを12°傾斜させたワインストア

ケルン南部の住宅街で20年来，親しまれている小さなワイン店「12°」。ワインのアルコール含有量は平均すると約12%。ボトルのラベルにもパーセントで表示されているが，伝統的には「度」の単位が使われることから「12°」と名が付いた。扱う銘柄も年々増え1997年に店舗の拡張，改装をするほかなくなる。売り場が倍になったといっても60m²そこそこで，使える壁面も比較的少なく天井の高さ（3.7m）まで隙間なくワイン棚に活用しないと十分な商品プレゼンテーションも無理である。このような条件では造形的に遊ぶ余裕などない。デザイナーは店名の「12°」をそのままデザインのトータルコンセプトに移行させた。「度」は角度の単位でもある。そこでワイン棚から踏み台，果ては運搬用のワゴンまですべてを12°傾斜させてしまったのだ。計算し尽くされたカオスの空間。まるで『カリガリ博士』の映画から抜け出たかのように。ワイン棚はスチールのフレームに合板のボックス，菱形の強化材は価格プレートの機能も兼ねている。教会に面したエントランス側スペースの中央にはフリースタンディングの什

12°

Cologne, Germany
Designer : LUTZ DUNSING

12°, named after the alcohol content in wine, is located in the southern part of Cologne. Space was fully utilized in this small 700 sq. ft. store. Mathmatically12° is a degree in angle. There was not enough space to graphically arrange the design. Therefore all shelves, wagons, etc. was built with a 12° slant. This play on the word, has turned the renovated store into a set from the movie "Dr. Calligari". Wine shelves are made of steel and compressed board. The diamond shaped reinforcements double as price tags. Free standing cash register is located in the center near the entrance. At first, customers complained of the slanted shelves that they felt an illusion of motion sickness and objects falling. But eventually, the "slant" became the store's

1. マルチン・ルター広場（Martin-Luther-Platz）から見た外観
2. 左手奥の第2売り場壁側の踏み台付きワイン棚
3. レジカウンター背後，ワイン棚もワイン箱も12°傾斜している

1. Exterior
2. Wine shelves at 12° slant
3. Behind the cashier, boxes piled at 12°

1

2

4

5

器とレジカウンターが配され小さなアイランドを形成している。左後方の細長いスペースをまず改装オープンした際，顧客から「船酔いしたように気分が悪くなる，目がくらくらする」と苦情も出た。実際に斜めのワイン棚を見上げると今にも崩れ落ちてきそうな危険を感じずにはいられない。しかし最終的にはラジカルなデザインに背を向ける客よりもそういったデザインに誘われた新しい顧客の方が増える結果となった。この店のうまいワインを飲めば，誰でも気持ちよく酔いが回り，世の中も12°傾いて見えるのかもしれない。

〈小町英恵〉

trademark and attracted more nonconventional customers. Perhaps after a few drinks, world looks better with a slight slant.

4. エントランス側売り場中央のレジカウンターまわり
5. 左手奥の第2売り場からエントランス方向を見る
6. 12° 傾斜したワイン棚のディテール

4. Around the Cash Register
5. View towards the entrance
6. Detail of slanted shelves

6

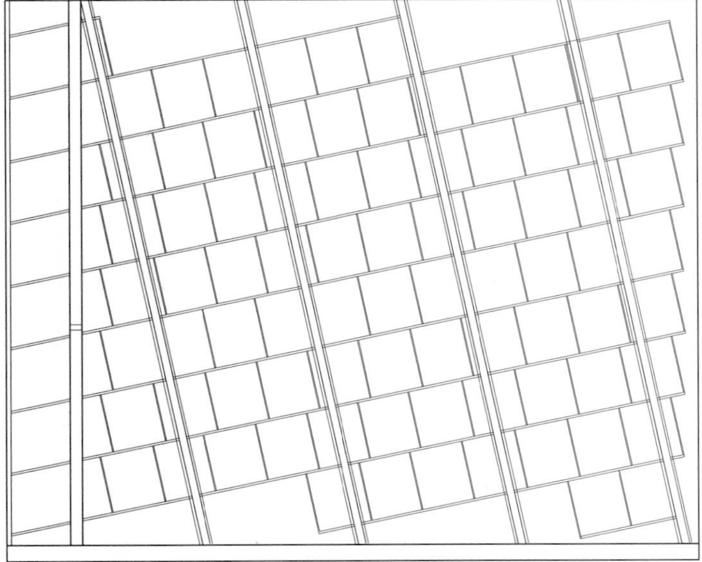

ELEVATION 1 : 50

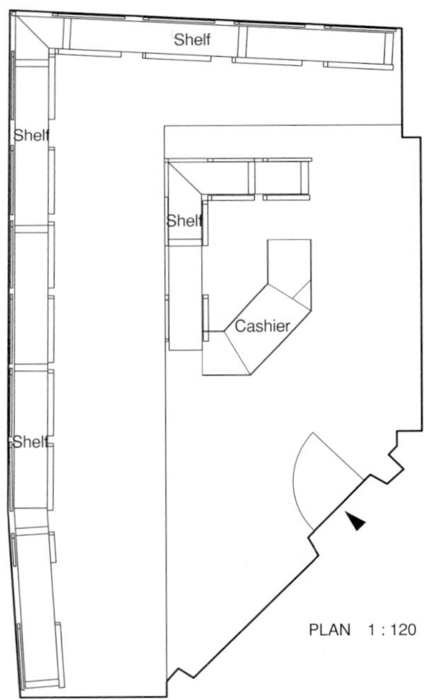

PLAN 1 : 120

FACT SHEET

12°
Location : Martin-Luther-Platz 1, Cologne, Germany
Designer : Lutz Dunsing
Client : Burkhard Jung & Partner
Size : 61.7㎡
Renewal Opening Date : December 1997
Photographer : Henning Queren

ケルナー・ワインケラー

ケルン・ドイツ
デザイン：REWE AG設計部

KOELNER WEINKELLER

Cologne, Germany
Designer : REWE AG BAUABTEILUNG

神聖な教会の雰囲気を漂わせるワインストア

ケルンの殺伐とした工業地区，ブラウンスフェルト（Braunsfeld）。その地下10mの深さに地上の街風景からは想像もできないワイン・パラダイスが広がっている。オリジナル建築（1937年）の魅力を壊さないようにリニューアルされた空間は，店舗というよりはヴォールト天井（高さ6m）の身廊と側廊に構成される神聖な教会の雰囲気を漂わせている。総煉瓦造りの店内は常時湿度60%，室温14°Cに保たれワインは理想的な環境で貯蔵されると同時に照明効果もドラマチックな演出の中で客にアピールしている。ワインの樽や木箱を什器に活用したり，音楽の国ドイツ産ワインのコーナーではカタログが譜面台に乗せてあったりと飽きのこないディスプレイで，滞在時間も忘れさせる。世界中のワイン約3000銘柄を扱い価格も8マルクから4000マルクと幅広い客層を対象にしている。スーパーマーケットと同じスタイルで買い物し，エレベーターで地上に戻りエントランスホール脇のレジで会計となる。全長80mの中央通路の最奥，中世の古城で騎士たちが杯を交わした部屋を思わせる宝蔵には1本数十万円という稀少な

30 feet under the Braunsfeld discrict of Colgne is an unimaginary wine paradise. The 20 foot high vault built in 1937 is reminescent of an underground church than a store. The brick interior maintains a year round temperature of 60*F and 60% humidity, which is ideal for wine storage. Wine barrel displays and music stands holding catalogs are lit under dramatic lights. There are over 3000 brands of wine, priced from 8 to 4000 Marc. Customers pick up desired wine and pay at the cashier, a la supermarket style. A banquet room is located in the deepest part of the cellar, where the highest value wines are resting. This area is by appointments only. Also on display, behind the iron fence, is a sculpted wine barrel, a 50th birthday gift to the store owner from the master sculptor who worked on the ornaments for the Cologne Cathedral.

1. 駐車場（200台収容）に面した建物のフロント
2. 高級フランス・ワインのコーナー
3. 地下10mにある煉瓦造りの店内全景，中央通路は80m

1. Exterior
2. High end French wines
3. Vault in the deepest part of the store

1

2

Chateau Belgrave
HAUT MEDOC
420:-
de Ladoucette
384:-

4

5

6

7

8

ワインが眠っているが，通常一般客には非公開。鍵のかかった鉄柵の向こうに見事な彫刻を施したワイン樽の底板が見える。これは1947年，ケルン大聖堂の彫刻師がこの店の創業者の50歳の誕生日を祝って寄贈したもの。

〈小町英恵〉

4. 店内最奥のシャッツカンマー（宝蔵）
5. ワイン樽をリデザインしたショーケース
6. ボルドー・ワインコーナー
7. イタリアン・デリの特別セールコーナー
8. イタリア・ワインコーナー
9. ドイツ・ワインコーナー

4. Specal wine section. Original wine tank from 60 years ago.
5. Showcases are redesigned from wine barrels
6. Bordeaux wine area
7. Italian deli
8. Wine from Italy
9. German wine

FACT SHEET

Koelner Weinkeller
Location : Stolberger Str. 92, Cologne, Germany
Designer : Rewe AG Bauabteilung
Client : Deutscher Supermarkt (Rewe AG)
Size : 2500㎡
Renewal Opening Date : May 1992
Photographer : Henning Queren

9

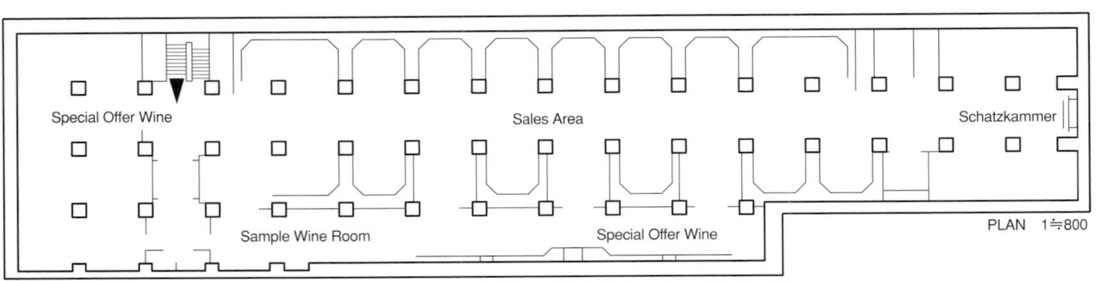

PLAN 1≒800

ワイン&グラス

WEIN & GLAS

エッセン・ドイツ
デザイン：エッケハルト・シュレーア

Essen · Germany
Designer : EKKEHARD SCHROEER

灰鋳鉄研磨工場をリニューアルしたワインストア

古い灰鋳鉄研磨工場が徹底したローコスト・デザインのモダンな店舗空間に姿を変えた。店の前をルール川が流れる。本来はエッセン市街で繁盛しているワイン店のオーナーが単に倉庫用物件を探していたのだが，この典型的な初期産業時代の建築に一目惚れしてしまい，倉庫も兼ねたワインストアのアイデアが浮かんだ。しかし予算は倉庫の分しかない。安い工業用材のみ使っていながら，デザイナーは店に置かれる高級ワインに負けない価値を空間に与えることに成功した。研磨作業で汚れ放題だった工場はサンドブラスト洗浄され，オリジナル建築の年季の入った味のあるインダストリー空間がよみがえった。その大きな箱の中にトイレ，オフィス，ディスプレイと独立した機能を持ち，それぞれデザインも異なる小さな箱がリズミカルに配された。床は石英砂をまいたアスファルト仕上げで工場の雰囲気がさらに強調されている。照明はレジや試飲コーナーもある店の前方ではホール空間のボリュームが実感できるよう配慮され，後方の倉庫エリアではグラスやワイン箱に照明が当てられ空間は脇役に退く結果とな

An old factory site was converted to a modern storefront space. The owner, who fell in love with this turn-of-the century architecture, has expanded his wine store into a combination retail/warehouse area. Designer had to remodel at a very limited budget. Sandblast rejuvenated the wasted space and small box office spaces were given new purposes. Floor was finished with sparkling speckled asphalt. Tasting area and the cash registers were spot lighted. Popular items are 15 variety of grupas and olive oil sold by dispensed volume. Different wine-cultural forums and events are held regularly.

1. 古い灰鋳鉄研磨工場をリニューアルしたショップフロント
2. 店内左手の高級ワインのプレゼンテーション用ボックス，後方は倉庫スタイルの販売エリア
3. 店内奥から入り口方向を見返す。フリースタンディングのパーティションはワイングラスのプレゼンテーション用什器でもある。茶色のボックスがオフィス

1. Storefront
2. Presentation table full of wine gadgets
3. View towards the entrance. The free-standing partitions function as presentation tools. The brown box is the office.

1

2

Vinum Ri
Bordeaux
24.90
Vinum Riedel
Chianti Classico
20.90
Vinum Riedel
Chardonnay
20.90
Vinum Riedel
Riesling
20.90
Vinum Riedel
Champagner
20.90

4

5

6

7

った。「ワイン＆グラス」では15種類のグラッパとオリーブオイルの量り売りコーナーが特に好評という。フレキシブルな空間を生かして，店がワインをキーワードにした一種のカルチャー・フォーラムでもあるよう小規模ながらさまざまなイベントの企画にも意欲的に取り組んでいる。〈小町英恵〉

4. グラッパの量り売りコーナー
5. 機能の異なるボックスを配したインテリア
6. 入口近くの多目的可動式ファニチュア（試飲等に使用）後方は量り売りグラッパ・コーナー
7. 入り口右手のワイン関連商品プレゼンテーション・テーブル

4. Grupa corner
5. Box used for presentation of high-end wines. Behind is a warehouse style retail area.
6. Box offices for different purposes
7. Portable, multi-purpose furniture.

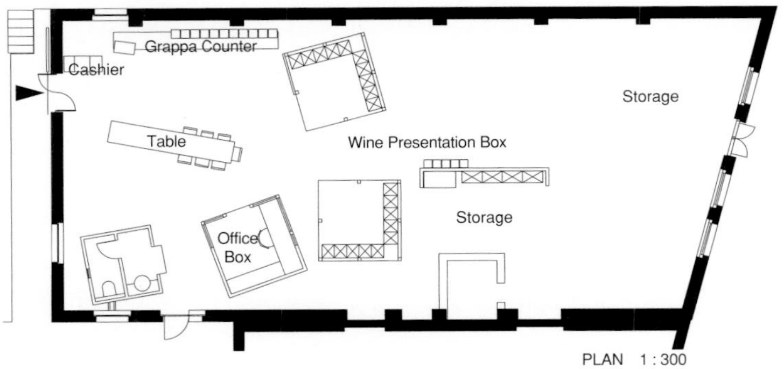

PLAN 1 : 300

FACT SHEET

Wein & Glas
Location : Laupendahler Landstrasse 39-41, Essen-Kettwig, Germany
Designer : Ekkehard Schroeer
Client : Th.Draheim, Wein&Glashandel KG
Size : 300㎡
Opening Date : October 1997
Photographer : Henning Queren

ハリー&デービッド ウエストファームモール店

コネティカット・アメリカ
デザイン：JGA

HARRY AND DAVID West Farms Mall

Connecticut, U.S.A.
Designer : JGA

グルメ食品，ホリデーフードを扱うグルメブティック

ハリー＆デービッドでは75年間，販売はカタログメールオーダーのみで行われていた。ここウエストファームモールで初めて客が商品に直接手を触れることができるようになった。それにより，今までカタログ販売では届かなかった客層を獲得した。グルメブティックとも呼べる店には高級グルメ食品，クリスマスなどのホリデーフード，ギフトバスケット以外に室内装飾品，高級菓子を30代以上の女性客をターゲットに扱っている。品質の良さとサービスに重点を置いて営業している。
外観はガラスの温室からヒントを得て，スチールの骨組みにガラス張り，インテリアはアメリカ北西地方特有の温かみのある雰囲気に仕上げた。一般家庭でも馴染みの深いチェリーウッド，杉などのディスプレイ棚が起用された。商品は区分けされ，各コーナーごとに分かりやすく陳列されている。ウオークイン冷蔵庫があり，客は内部を散歩しながらショッピングできる。普通のスーパーのように，開閉するたびに曇るガラス扉を省いた。目玉商品のリビエラ梨，ギフト食品パッケージなどは天井に届きそうなタワーディスプレイに

For 75 years, Harry & David has been known for its gourmet food and gift catalog. But rather than just ordering from photographs, customers can now buy the products from Harry & David's first retail store in the West Farm Mall in Farmington, Conn.
By organizing the store into a series of shops, H & D makes the experience one of discovery and efficiency, capitalizing on its core drivers : gifting, entertaining at home and home decor. The candy and snack shop, gourmet food shop, holiday trends, home entertaining and gift basket areas are among the individualized product or service areas.
The glass wall exterior takes it cue from greenhouse designs, adding contemporary fashion through natural slate trim and charcoal gray window framing. Rigid

1. ガラスの温室からヒントを得た外観
2. 75年間カタログ通販で親しまれたロゴの入り口
1. The glass wall exterior takes it cue from greenhouse designs.
2. Well known Harry & David logo welcomes customers.

1

Harry and David

3

4

5

行儀良く並べてある。
今まで「ハリー＆デービッド」はクリスマスの贈り物専門店のように思われていた。客に直接販売することによって誕生日，卒業式，結婚祝い，引っ越し祝いなどの祝い事にも適していることを新たにアピールできた。

〈I.M.TAO〉

perimeter fixtures contrast the curved, residential-feel blend of cherry and pale limed oak fixtures that facilitate easy movement and serve as focal points throughout the store. A walk-in cooler provides a fresh shopping experience, allowing customers the opportunity to select their own array of chilled Harry & David produce and gifts.
Harry & David has been viewed as a "fourth quarter" holiday business. By recognizing that every day is a holiday : a birthday, a special event, a housewarming, etc., H & D brings an accessibility and a physical prompting that reinforces that the brand is not just for Christmas.

6

3. エレガントにディスプレイされた目玉商品のリビエラ梨など
4. バスケット，木箱に詰められたギフトパッケージ
5. 自宅で催すパーティーに使用する食器，キャンドル，水差しなど
6. 自社ブランドの各種ジャム，ソース類

3. Elegantly displayed famous "Riviera" pears.
4. Gift basket and boxed gifts.
5. Home decor items at the Home Entertaining corner.
6. "Tower of Treats" fixture replicating their renowned food gifts.

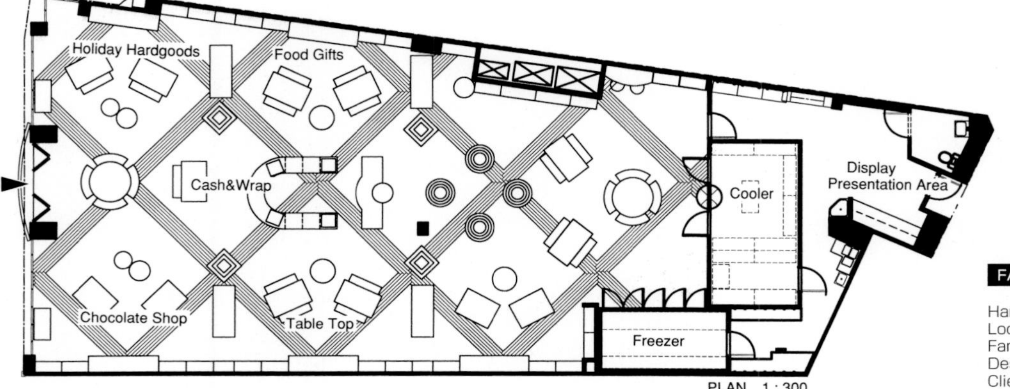

PLAN 1 : 300

FACT SHEET

Harry and David, West Farms Mall
Location : West Farms Mall, Space C 201, Farmington, Connecticut, U.S.A.
Designer : JGA, Inc.
Client : Bear Creek Corporation
Size : 405㎡
Photographer : Lazlo Regos

テーストフリー・カナディアン

TASTEFULLY CANADIAN

バンクーバー・カナダ
デザイン：フィオリノ・デザイン

Vancouver, Canada
Designer : FIORINO DESIGN

サケをモチーフにした壁画で構成した免税店

カナダ西海岸の玄関とも言うべきバンクーバー国際空港は日本人を含む大勢のアジアからの旅行客で賑わう。世界中の国際空港に多数の免税店を経営するオールダーズ・インターナショナル社が，急いでいる旅行者に最後の買い物をと，開いたのが「テーストフリー・カナディアン」（美味しいカナダ）。商品はカナダ水産物を代表するサケ，カニ，メープルシロップとチョコレート。サケとカニなどは包装され冷蔵庫に保管されているので，通りすがりには分かりにくい。そこで考えついたのは，内外装ともに写真，グラフィックなどのビジュアルエレメントを多用することだった。

サインには立体ロゴ化したサケを起用。店内には，大きく引き伸ばした美味しそうなサケの写真パネル，冷蔵庫の上には海流に逆らって泳ぐサケをモチーフにした壁画が飾られた。カナダ国旗のカエデの葉も所々に顔を出している。狭いスペース内に設置されたキャッシュカウンターは，一面に低い冷蔵庫を備え，全四面を無駄なく，来客に応対できるよう作られた。人の往来の激しい空港というロ

The client, Allders International, wanted to build a specialty food shop in the striking new terminal at Vancouver International Airport. West Coast is flavour, Tastefully Canadian sells salmon and fish products, specialty food products, confectionery and chocolate. The 650 sq. ft. shop is located in the post security area of the main international departure hall.
By its name, Tastefully Canadian indicates the indigenous aspects of its food products and appeals to airport shoppers looking for special gifts, particularly visitors from Japan and other Asian countries. The design had to attract buyers, while the space planning had to support high volume traffic and easy merchandising and replenishment by the staff. Salmon and aqua tones, fish themes in the mural and signage, and large-scale photographs telegraph the appeal of the products in the coolers and freezers.

1. 正面を右斜めから見る。サケの立体ロゴが付いている
2. 左側入り口。手前のアイランドにはメープルシロップ類

1. Front entrance with 3-D Salmon sign.
2. Side entrance overall view.

1

TASTEFULLY CANADIAN
by ALDERS
TASTEFULLY CANADIAN
ALDERS
TAX & DUTY FREE
ALDERS

3

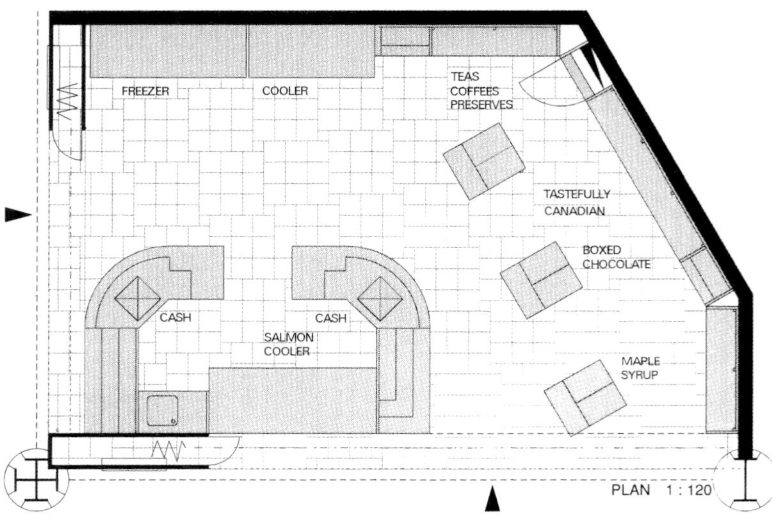

ケーションを考慮し，棚は全部壁に寄せ，小さいアイランドを三つだけ入れ通行の邪魔にならないようにした。ファニチュアはカエデ材，清掃しやすいように床は白にグリーンのアクセントの入った大理石で仕上げた。

〈I.M.TAO〉

3. 正面入り口。リボン上に泳ぐサケ
3. Front entrance with ribbon-like band of logo.

FACT SHEET

Tastefully Canadian
Location : Vancouver International Airport, Vancouver, Canada
Designer : Fiorino Design Inc.
Client : Allders International
Size : 60㎡
Photographer : Robert Burley／Design Archive

イングレディエンツ

ノーウィック・イギリス
デザイン：フィッチ

INGREDIENTS

Norwich, England
Designer : FITCH

クリエーティブなグルメのための新コンセプト・ベーカリー

パンの美味しさを追求していくと素材に至る。そして味わっているばかりでなく，自分でも焼いてみたくなる。「イングレディエンツ」はそうしたクリエーティブな意欲を持つグルメのための新コンセプト・ベーカリーである。
ドン・ミラー・ベーカリーは元々ノーウィックのハイストリートで長年親しまれてきたパン屋だが，ヘルシー志向，グルメ志向が高まっている現代にふさわしい店への変身を図り，新コンセプト・ストアのイングレディエンツを打ち出した。イングレディエンツとは材料を意味するが，その名前が示すように，出来上がったパンやペストリーばかりでなく，家庭でパンを焼くための材料も販売しているのがこの店の特徴である。
ストアデザインの核は顧客から見通せるようにしつらえたパン焼き施設である。顧客は職人がパンをこね，オーブンで焼き上げるまでの過程を目の当たりにすることがきる。店内いっぱいに漂う温かく香ばしい匂いも食欲と興味を刺激して効果的である。
イングレディエンツではベーキング・テクニ

The taste of bread is determined by the ingredients. The pursuit of the ultimate bread sometimes results in baking your own. Here at Ingredients, customers can not only purchase ready made bread and pastries, but also the tools and ingredients for making healthy products at home.
The open bakery tempts shoppers with the aroma of freshly baked goods and its process.
For the eager home bakers, classes and recipes are provided. Customers have the choices of purchasing all the necessary ingredients and tools, or a variety of pre-packed mixes.
Dancing logos and modern graphic treatment throughout the store reflects the rejuvenation of this traditional trade with a breath of fresh approach.

1. イングレディエンツのストア・コンセプトを大胆なグラフィックで伝えるストアフロント
1. Storefront decorated with dynamic graphics.

1

in·gre'di·ent
we serve it.
li·ents:
a bake shop
a bake
with the freshest
tasty too.

yum yum yum
yum yum yum
flour
+
salt
+
yeast
+
water

4

ックやレシピを披露するデモンストレーションも行うなど，顧客へのサービスにも力を入れている。ここで焼き方を学び，本格的なホームメードのパンに取り組みたいという人々は，イースト，粉，ドライフルーツなど必要な材料や器具のすべてを揃えることができる。アイデアには魅かれるがそこまで徹底的にはできないという人のためには，家庭で手軽に作れるパン用ミックスもバラエティー豊かに用意されている。もちろん焼き上がったばかりのパンを買ってもよい。

ストアの一角にはデリとコーヒーバーがあり，焼き立てのパンで作ったサンドイッチやケーキなどを楽しむことができる。

インディゴブルーと赤を組み合わせた天井，温かみのあるオフホワイト，オレンジ，赤の壁，弾むようなロゴデザインなど，モダンな色彩計画とグラフィック処理も，パンという日常的な食べ物に新しいアプローチを試みるこの店の姿勢をよく伝えている。〈春日淑子〉

2. ベーキング器具をデザインしたストアロゴ
3. 世界各地のパンが並ぶ
4. ジャム，料理の本，調理器具のコーナー

2. Baked good from around the world.
3. Store logo designed with baking tools.
4. Various jam, cookbooks and utensils.

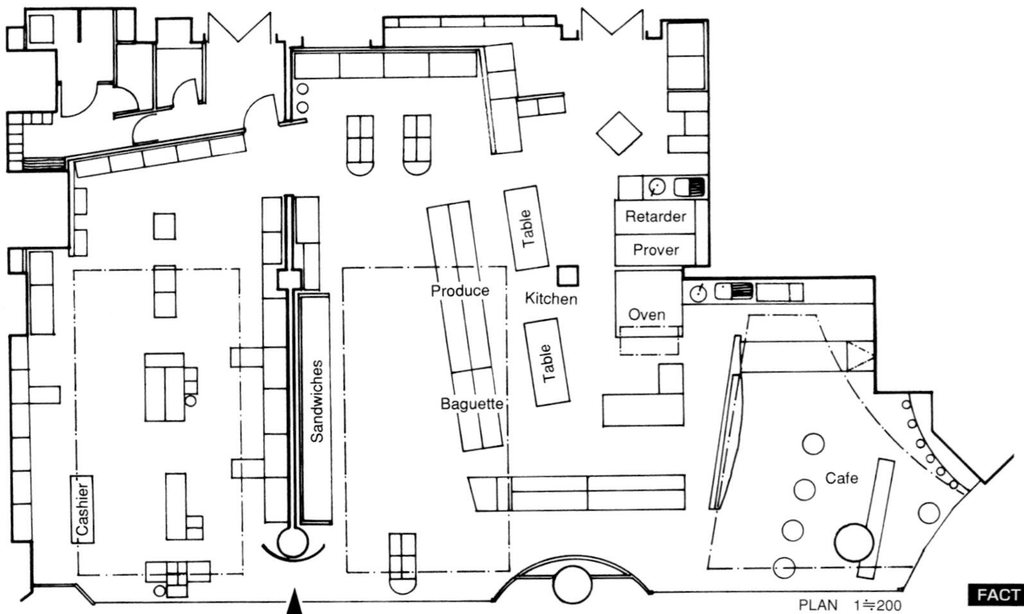

FACT SHEET

Ingredients
Location : Norwich, Castle Mall Center, England
Designer : Fitch, London
Client : Pieter Totte
Opening Date : November 1996
Size : 325㎡
Photographer : Chris Gascoigne, Quentin Harriott

ストローブズ・マーケット クレイトン店

ミズーリ・アメリカ
デザイン：キク・オバタ＆カンパニー

STRAUB'S MARKET Clayton

Missouri, U.S.A.
Designer : KIKU OBATA & COMPANY

円形階段を曲線的に取り囲むインテリア

ストローブズ・マーケットは創業1901年の老舗。今ではセントルイス市内に4店舗を展開しているが，その雰囲気は昔のまま。店主や肉屋の店員がお客と顔なじみで名前で呼び合う関係が保たれている。厳選された商品はもとより，行き届いたサービスとカジュアルさがこの店の何よりの魅力となっていた。
しかし，時代とともに人々のライフスタイルが変遷しているのも確か。ストローブズではクレイトン店の青果売り場拡張に当たり，仕事帰りに夕食用の買い物をする多忙な消費者のニーズを満足させ，競合店との差別化を図って，売り上げ向上に結び付けることを考えた。デザイナーの課題は永年愛されてきたこの店独特のノスタルジックでカジュアルな雰囲気を壊さずに，新鮮で現代的なイメージを加味することにあった。
元のストローブ・レストランを含めて4倍に広がった新スペースには，テラゾの床と円形階段，格子のあるコンクリート天井など建築的に面白い特色が残されていた。そこで，デザイナーはスペース全体に調和の感覚を生みだし，柔軟なマーチャンダイジングを可能に

Established since 1901, Straub's Market kept its traditional, casual service with its patrons. It's a place where butchers know your name. With the customers' changing lifestyle, Straub's wish to comply to their needs for a faster pace and take out meals, without losing its nostalgic originality.
The quadrupled new store kept its former spiral staircase, terrazzo floor, and gridded ceiling. Curved fixtures were developed to accentuate the spiral staircase. Color coordinated, custom and antique furniture are placed to bring out the "elegant days". Fresh vegetables and fruits are displayed in simple baskets. By displaying spices in a blue patina finished, antique cabinets, the spice sales has grown 15 times, proving the power of successful visual merchandising.

1. クラシックな瓶やバスケットに盛ったフルーツディスプレイ
1. Fresh fruits are displayed in classic baskets.

1

of grapes. A Tomato in the Window. Oranges hun

2

3

4

するために，円形階段を曲線的に取り囲むインテリアデザインを採用した。仕上げ材にはひなびた味の中古ファニチュアやカスタムファニチュアを多用し，“遠い日のエレガンス”を強調。注目されるのはありふれたアイテムにスタイリングの妙で光を当て，その美しさを極限まで引き出している点。古色蒼然としたウッドテーブルにうず高く積まれた果物の山，ソフトピンクの小テーブルのバスケットに入れた野菜，コンクリート製の瓶やカゴに盛り上げられた柑橘類……。デザイナーたちも商品自体が放つ素朴な美しさに感動。オリジナルの詩を作らせて階段のレタリング装飾としたほどである。ブルーのパティナで仕上げた木製キャビネットには普通なら棚に詰め込まれるスパイス，ドライフルーツ，豆類を収めているが，その売り上げは過去の15倍に増え，ビジュアル・マーチャンダイジングの力が証明された。〈春日淑子〉

2. 円形階段を中心に構成した青果売り場
3. 野菜や果実の美しさをたたえる詩をレタリングで飾った円形階段
4. パティナ仕上げで古さを出した木製スパイスキャビネット

2. Fruits surround the spiral staircase.
3. Hand drawn poem decorates the staircase.
4. Petina finished Spice cabinet.

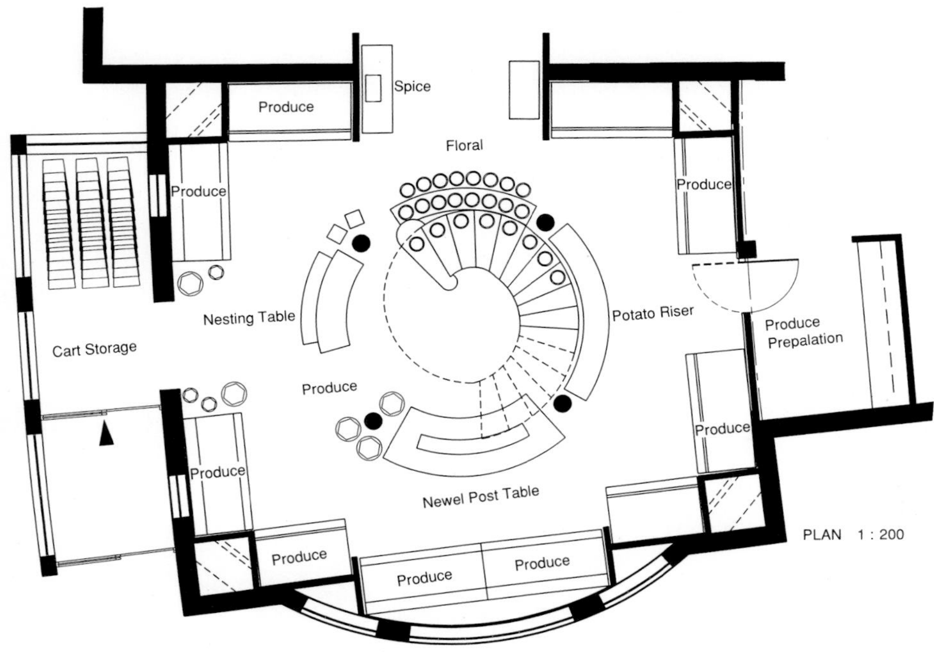

FACT SHEET

Straub's Market Clayton
Location : 13414 Clayton Rd. St Louis, Missouri, U.S.A.
Designer : Kiku Obata & Company
Client : Straub' s Markets
Size : 125㎡
Opening Date : December 1996
Photographe r: Cheryl Ungar

グレードナー・モッケレー

ドレスデン・ドイツ
デザインコンセプト：パル・プフント
タイル装飾：ヴィラロイ＆ボッホ社

DRESDNER MOLKEREI GEBRUEDER PFUND

Dresden, Germany
Design Concept : PAUL PFUND Tile
Decoration : VILLEROY und BOCH

工芸美術館のような乳製品の店

“世界一美しい牛乳屋さん”として知られるゲブリューダー・プフンド。扉を開けるとまるで工芸美術館に入ったかのようだ。フィレンツェと好んで比較される芸術の都ドレスデンならではの店。壁，カウンター，天井，床，冷蔵庫さえも店内は色彩豊かに，一分の隙もなく牛乳をテーマにしたメルヘンチックな装飾画の描かれたタイルや彫刻的なセラミックに覆われている。ルネサンスによく見られるグロテスク模様（動植物の唐草模様）を応用し，ヴィラロイ＆ボッホ社の職人芸の粋を集めた装飾はゼンパー歌劇場にも劣らないといったら過言であろうか。19世紀の末，ドレスデンの牛乳屋パウル・プフンドはドイツで初めてコンデンスミルクを開発，さらにベビーフードや牛乳石鹸の商品化にも成功し世界中にプフンドの乳製品が出回った。コーポレート・デザインを当時既に実践し，この本社建物1階の直営店はプフンド乳業の企業哲学を表現するショールーム的存在でもあった。店は二つの大戦を生き延びたものの，東ドイツの時代に荒廃の一途を辿ることとなりついに1990年に閉店に追い込まれた。その後，約6

Gebrueder Pfund is known as the "World's Prettiest Dairy". Decorated like a Museum of Arts and Craft, walls, ceiling, counter, floor and even refrigerator are colorfully decorated. The walls are covered with ceramic tile murals depicting dairy scenes. The craftmanship equals that of a theater decor.
Gebrueder Pfund invented condensed milk in the late 19th century. Its marketing of baby food and dairy soap products brought them world fame. It has utilized "corporate design identity" early. The ground floor store was a showroom exhibiting its corporate business philosophy. It survived the two world wars but was forced to close down temporarily in 1990. When it reopened 6 years later, it has re-claimed its old glory and is now a very popular tourist attraction. It features original jams and

1. 入り口から店内を見渡す。手前に陶製チーズカウンターと冷蔵庫
2. スタンドバー側から売り場全体を見返す。チーズカウンター右端がレジ

1. Cheese Counter
2. Cashier

1

3

4

5

6

7

年の歳月をかけ修復，復元作業を遂行し，再び創業時の輝きが戻ったのである。以来ドレスデンの新しい観光名所ともなり連日この小さい店に団体客が押し寄せうれしい悲鳴を上げているとのこと。現在はヨーロッパ各地からのチーズ・スペシャリティーをメーンにザクセン地方のワイン，プフンドのオリジナル商品であるジャムや“ミルク・グラッパ”などのデリを扱う。店内右奥には小さなビストロも設けられプフンド牛乳やチーズとワインの組み合わせを試すこともできる。〈小町英恵〉

speciality cheese & wine from throughout Europe. At the Bistro, customers can taste Pfund brand dairy products with various wine selection.

3. 名物の陶製チーズカウンター
4. 店内右手の試飲，試食用スタンドバー
5. スタンドバーの陶製装飾柱と奥のオランダ風陶板壁画
6. 売り場からステップアップした地元特産ワインのプレゼンテーション・コーナー
7. 壁タイルの装飾画ディテール
8. バウツナー通りのショップフロント

3. Cheese Counter
4. Standing Bar
5. Ceramic Tile Wall
6. Wine Presentation Section
7. Detail of Ceramic Tile
8. Shop front

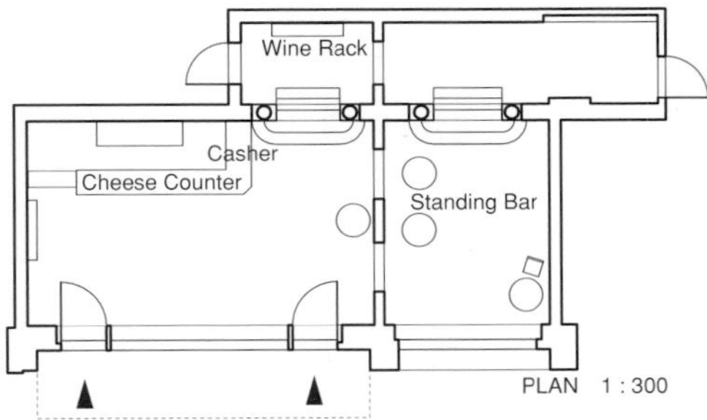

8

FACT SHEET

Dresdner Molkerei Gebrueder Pfund
Location : Bautzener Strasse 79, Dresden-Neustadt, Germany
Designer : Paul Pfund
Client : Dresdner Molkerei Gebrueder Pfund
Size : 78.49㎡
Renewal Opening Date : October 1996
Photographer : Henning Queren

GNCライブ・ウエル

ニューヨーク・アメリカ
デザイン：JGA

GNC LIVE WELL

New York, U.S.A.
Designer : JGA

親しみやすいデザインのビタミン剤・栄養食品専門店

全国に3700店舗，年商9億ドルを誇るGNCチェーンはビタミン剤，栄養食品などを扱う専門店である。今まではスポーツ選手など，比較的過激な運動量をこなす，限られた層をターゲットとしてきた。しかし，ここ10年ほどフィットネス関連企業の発展は凄まじい。生活がある程度裕福になれば自然と長生きをし，健康で楽しい人生を歩みたい思うのが人間の本能であろう。健康維持のため，適度な運動，バランスの取れた栄養補充が大事になる。そこに目をつけ，ごく一般の人でも気軽に立ち寄れるライブ・ウエル店の運営に乗り出した。
今までのGNCチェーン店はどうしてもマッチョマンが通う栄養剤薬局のようなイメージが強かった。したがって新しいインテリアは温かい，親しみやすいデザインが要求された。病院のような無機質な素材をなるべく避け，一般家庭に使用されているような木材，ガラスが起用された。商品はヘルススパ，ガーデン，バス，キッチン，リビングルーム，スポーツラボの各コーナーに仕分けられた。入り口にあるのは，ガラス製パイプオルガン状の

People generally see nutrition stores as meeting places for fitness and nutrition experts to buy high-tech diet, vitamin, wieght-loss and muscle-building products. So the average shopper too often shies away. Since there are a lot more around-the-block walkers than full-tilt marathoners, GNC sought to broaden its customer base with a new store concept. It is a showroom for people with any level of interest in fitness and health. Merchandised by lifestyle, the various departments are categorized into areas of Spa, Garden, Bath, Kitchen, Living Room and Sports Lab. Each area is identified by large background graphic murals.

1. 入り口中央に見えるのはパイプオルガン状の香り装置
2. ハーブなどが揃っているガーデンコーナー
3. キッチン，各種ヘルス専門雑誌なども揃えてある

1. "Amphora" module that provides customize skin products and shampoo for skin type and fragrance.
2. At the Garden area, oversized flora graphics call shoppers toward a table where they can create custom scented mixtures.
3. Kitchen and Sports Lab areas provide a taste test center for nutritious sport drinks, energy bars and juices.

1

2

3

4

5

6

装置，ここで客が自分の好みに合ったスキンクリーム，シャンプーを香料とミキシングできる。ハーブなどを扱うガーデンコーナーでは，棚の足元に川辺の小石を箱いっぱいに詰めて自然のイメージを演出している。ビタミンコーナーは故意に薬局に似せてある。壁面棚には彩り鮮やかな薬の入ったガラスビンが並ぶが実際には裏で注文に応える。バス商品コーナーには昔の鉄製バスタブを持ち出し，石鹸などで中を埋めている。キッチン，スポーツラボコーナーでは各種エネルギードリンク，ジュースなどをミックスし試食できる。アメリカでは既に人口の3割近くが引退しており，15年後にはベビーブーマージェネレーションが大量に引退する。健康管理ビジネスはますます栄えることだろう。〈I.M.TAO〉

Natural finishes abound, from the wood and slate flooring to the teak planters fill with river rocks, underscoring the connection between the merchandise and nature. With a warm, natural feel, customers are enticed from the entrance into another era - where old time apothecary meets modern day sports lab.

4. ビタミン，ダイエット食品コーナー
5. 旧式バスタブをディスプレイにしたバスコーナー
6. 薬局に似せたビタミンカウンターとキャッシャー

4. Vitamin and diet supplement area.
5. In the Bath area, cast-iron bathtub display serves as a focal point for the bath salts, soaps and hmeopathy products.
6. The Vitamin department is designed as an old apothecary.

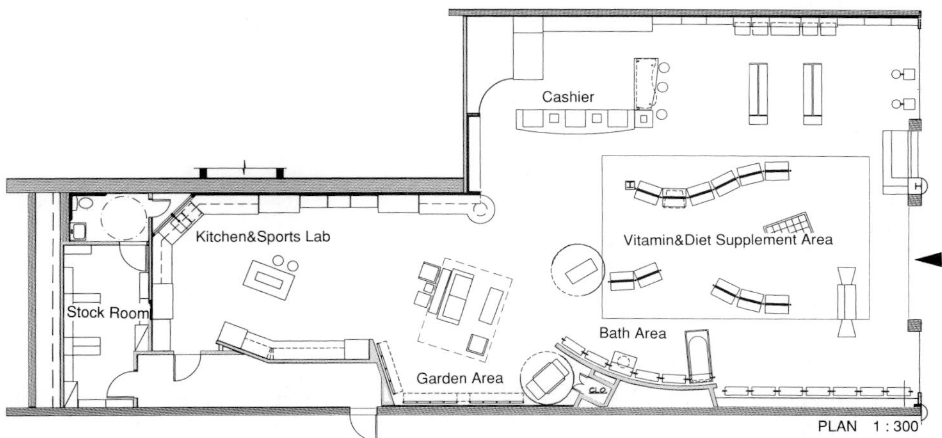

FACT SHEET

GNC Live Well
Location : Roosevelt Field, Garden City, New York, U.S.A.
Design : JGA, Inc.
Client : General Nutrition Cos.
Size : 327㎡
Photographer : Lazlo Regos

ディアボーン・ソーセージ・カンパニー

DEARBORN SAUSAGE COMPANY

ミシガン・アメリカ
デザイン：デザイン・ファブリケーション

Michigan, U.S.A.
Designer : DESIGN FABRICATION

高級ソーセージと新しいサービスを
アピールした古典的な店

「ディアボーン・ソーセージ・カンパニー」はミシガン州ディアボーンで50年以上にわたり，高級ハム，ソーセージ，サラミの製造販売を行い，地元の人々に親しまれてきた老舗である。1998年に新設されたリテイルストアは，主力の加工肉に加え，デリ，サラダ類，サンドイッチの売り場を設け，バラエティーに富んだマーチャンダイジングが実現された。
長年のベストセラーであるディアボーン製品を目当てにストアを訪れる顧客に対し，サンドイッチや食肉などの新サービスの存在をアピールすることが，デザイン上のポイントであった。そのために入り口からディアボーン製品のあるデリ・カウンターに行く途中に，サンドイッチと食肉のカウンターを配置するストアレイアウトが工夫された。店内中央部には背の低い陳列ケースを置いて，店内に入った瞬間にその全容が目に入るようにしている。
ストアのテーマは“伝統の味”。デザインを担当したデザイン・ファブリケーション社はグリーン，ネイビー，オフホワイトの色彩計

Dearborn Sausage Company originated over 50 years ago, as a manufacturer of high quality ham, sausage, and salami. In 1998, the retail area was enlarged to include deli, salad, and sandwiches.
The store was designed to introduce new produce to the existing customers. The sandwich center was placed on the way to the well known Dearborn products. Also products are laid out on low display shelves, easily visible at a glance.
The store theme is "Traditional Taste". Design Fabrication Inc. used green, navy blue, off white, to create a sentimental feel. Oak shelves, antiques fixtures, lamps, and sepia toned photographs add to the nostalgic mood.
Deli, sandwich, and meat markets are decorated with blue and green striped awning providing visual individuality. Store design reflects the history and quality of Dearborn Sausage Company.

1

2

3

1. ディアボーン・ブランドのハム，ソーセージ類を置くデリ・カウンター。オウニング上部にはガーリック，セージなどソーセージに入れる香辛料のロゴをあしらっている
2. オーク製のスナックテーブルとディアボーン・グッズのディスプレイキャビネットが古き良き時代の雰囲気を醸し出している
3. ドライフルーツやクッキーのコーナー。壁にかかったセピア色の写真がディアボーンの歴史を物語る

1. Deli counter displays Dearborn brand products. Logos above the awning are derived from spices.
2. Oak snack table and display cabinet displaying Dearborn goods bring out the "good old days".
3. Dry fruits and cookie corner. Dearborn's history is felt through the sepia toned photos on the wall.

画で，昔懐かしい雰囲気を醸し出すこととした。また，随所にトラディショナルなオーク材のはめ込み棚，アンティーク風仕上げ材，古典的なランプ，セピア色の写真などを配して，古色豊かな雰囲気を盛り上げている。デリ，サンドイッチ，食肉などメーンの売り場にはテーマカラーであるグリーンとネイビーのストライプ柄のオウニングを取り付け，食品を象徴するグラフィックを入れたサインを吊って，視覚的な独立性を持たせている。二代にわたり味とクオリティーを頑固に守り続けてきたその歳月をそこはかとなく印象づけるストアデザインである。〈春日淑子〉

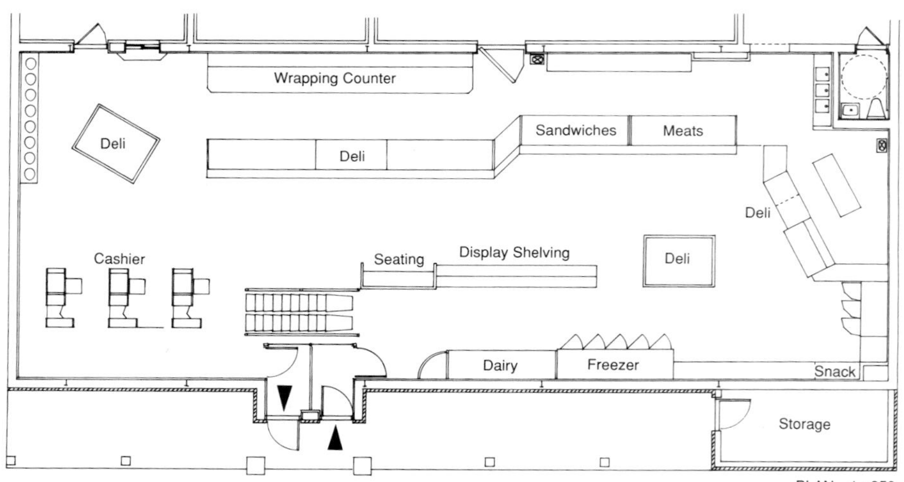

PLAN 1 : 250

4. 食肉カウンター。パンやスパイス，ソースなどの関連商品も並んでいる
5. オーダーメードとレディーメードの選択ができるサンドイッチカウンター

4. Meat section.
5. Sandwich counter offers both order and ready made snacks.

5

FACT SHEET

Dearborn Sausage Company
Location : 2444 Ferney Dearborn, Michigan, U.S.A.
Designer : Katherine Blair, ASID/Design Fabrication Inc.
Client : The Dearborn Sausage Co.
Size : 372㎡
Opening Date : May 1998
Photographer : Bob Montgomery

O&CO.
ストラスブール店

ストラスブール・フランス
デザイン：オリビエ・ボッサン

O&CO. Strasbourg

Strasbourg, France
Designer : OLIVIER BAUSSAN

地中海文化のエッセンスが凝縮された
オリーブオイル専門店

「O&CO.」は地中海風ライフスタイルを象徴するオリーブをテーマにしたフランスのチェーン店。自国プロバンス地方のオリーブオイルはもとより，スペイン，イタリア，ギリシャ，イスラエルといった地中海沿岸の産地から厳選されたこだわりのオリーブオイルが集められた。古代に地中海沿岸一帯の都市を結び，自然にはぐまれた独自の地中海文化が形成されたように，国境を越えてオリーブに結ばれた地中海文化のエッセンスが店に凝縮されている。創業3年目にして「O&CO.」はフランス国内に11店舗（パリ，カンヌ，リヨンなど），国外はブリュッセルとロンドンに支店を持ち，近くニューヨークにも進出と今後のワールドワイドな店舗展開が期待される。人々の健康に対する意識がますます高まるなか，ヘルシー・フードの元祖とも言えるオリーブオイルの専門店の将来性は大きい。大都市だけでなくこのストラスブール店のように小都市でも「O&CO.」のコンセプトが予想以上に人々に受け入れられている。ストラスブールの旧市街でも有名な高級商店街からはずれて，週末には古本市も立つような庶民的な

Olive, symbol of Mediterranian lifestle, is the theme for this French chain store. O & CO. has gathered olive oil products not only from its own Province area but from all of Spain, Italy, Greece and Israel. It is as though the essense of the various Mediterranian cultures have been condensed through the common use of olive oil. O & CO. operates 11 stores in France and also in London and Brussel. With the rising world health awareness and olive oil being the origin of all health food, future business potential is enormous. Owner designed the store purposely ordinary and away from the main street. His philosophy is : quality comes from

1. 外観全景
2. オリジナルデザイン容器入り各種オリーブオイルと関連商品のディスプレイ

1. Overview of the store
2. Display of various olive oil in original containers

1

2

3

4

5

6

通りにともすると見逃してしまいそうな店構えなのも「真の生活クオリティーをオリーブに託して提供したい」というポリシーにふさわしい。レモンイエローの壁も太陽の光に恵まれた地中海の雰囲気を出しているが，インテリアはすべてオーナー社長自身のデザインで，「地中海の小ユートピア」というイメージを形にしたもの。ピュアなオイルだけでなく，16世紀にフィレンツェで考案された方法で仕込まれるバジル，タイム，ローズマリーなどの香り高いハーブオイルや菓子類，オイル用カラッフ，石鹸，オリーブオイル入り自然化粧品なども揃い充実した商品構成となっている。〈小町英恵〉

within the products themselves. Lemon yellow walls shine brightly under the sun and the interior is imaged after a small Mediterranian utopia. Besides olive oil, there are basil, thyme, rosemarry and other herb-oil processed in the traditional 16th century method.

7

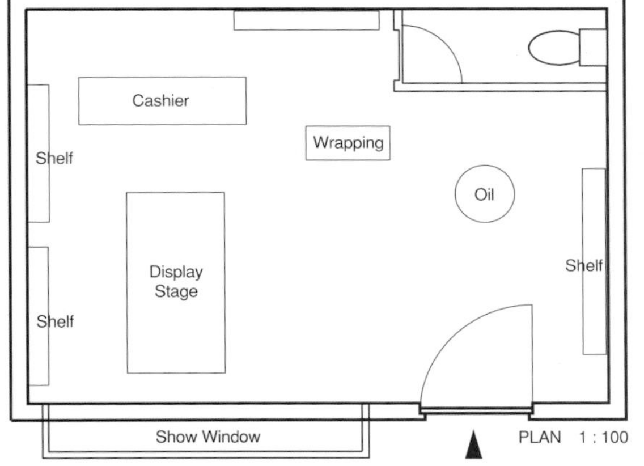

3. エントランスから見た店内
4. オリーブオイルのミニボトルをシャンデリアのように飾ったアイキャッチャーのオブジェ
5. 量り売りオリーブのディスプレイ
6. ラッピングコーナーとキャッシャー
7. オリジナル容器入りのオリーブオイル

3. View from entrance
4. Chandellier of olive oil mini-bottles
5. Display for olive sold by the volume
6. Cashier and Wrap counter
7. Sample olive oils and original packaging

FACT SHEET

O&CO.
Location : 1, Rue du Miroir -67000 Strasbourg, France
Client : Olivers&Co
Designer : Olivier Baussan
Size : 36㎡
Opening Date : July 1999
Photographer : Henning Queren

春日淑子

外資系化粧品会社のシニア・コピーライターとして10年過ごした後，1984年に渡米。アメリカ小売り業とマーケティング専門誌『プロント』の編集長として，ビジネスやライフスタイル・トレンドの流れを観察する。1994年から独立し，執筆業を続けるかたわら，米国と日本を結ぶリテイル業界やコスメティック業界，マーケティング業界のコンサルタントとして活動している。ニューヨーク在住

YOSHIKO KASUGA

Moved to the U.S.A. in 1984, after 10 years of working as the Senior Copy Writer for an international cosmetic company. Worked as the editor for a retail/marketing publication "PRONTO". Expert observer of American business and lifestyle trends. Started own Marketing Consultant business in 1994. Specializes in cosmetic and other retail industries between US and Japan.

I.M.TAO

トウ・イーミン。通称タオ。コーネル大学建築芸術学部写真学科卒業。小学校は東京中華学校に通い，中・高等学校は品川セントメリー国際学院にて学ぶ。日，中，英語の環境で育つ。1983年のトータル・デザイン・コンセプツ社をサンフランシスコに設立。APA会員

I.M.TAO

Known as Tao , graduated from Cornel University , with a BFA (Photography/Architecture) .
He attended St. Mary' s International School in Tokyo , whitch gave him an opportunity to be fluent in English , Japanese and Chinese. Has been the principal of Total Design Concepts since 1983. TDC is a Graphic Design office with strong visual emphasis on photography. Loves his Healey and basketball. Lives with his family in San Francisco.

小町英恵

青森県生まれ　早稲田大学第一文学部卒業後，ハンブルグ大学で独語独文学，美術史を学ぶ。日本語講師，日本文学の独訳（共訳著『Wohlgehutete Pfirsich』などを経てフリーのカルチャー・ジャーナリスト。98年まで商店建築社のデザイン誌『wind』のコレスポンデントとしても活躍。ドイツ連邦ニーダーザクセン州ジャーナリスト協会会員。ドイツ・ハノーバー在住

HANAE KOMACHI

Graduated from Waseda University, B.A. Literature. Studied German Literature and Art History at University of Hamburg. Taught Japanese as lecturer and translation of "Wohlgenhutete Pfirsich". Active as a Freelance Cultural Journalist and Foreign Correspondant for design periodical "Wind". Member of Association of German Journalists. Lives in Hanover, Germany.